The Secret®

O PODER™

Rhonda Byrne

SEXTANTE

Título original: *The Power*

www.thesecret.tv

As informações contidas neste livro têm um propósito educativo e não devem ser usadas para substituir o diagnóstico, a prescrição ou o tratamento de qualquer distúrbio de saúde. Também não substituem um planejamento financeiro responsável. Seu conteúdo deve ser usado como uma contribuição adicional a um programa prescrito por um profissional. O autor e a editora não se responsabilizam pelo uso indevido desse material.

Publicado mediante acordo com a editora original, Atria Books, uma divisão da Simon & Schuster, Inc.

tradução: Leila Couceiro
preparo de originais: Raphani Margiotta
revisão: Ana Grillo e Flávia Midori
adaptação de capa e diagramação: Ana Paula Daudt Brandão
conceito de arte: Nic George para Making Good LLC
capa e projeto gráfico: Making Good LLC e Gozer Media P/L (Austrália)
impressão e acabamento: Pancrom Indústria Gráfica Ltda.

CIP-BRASIL. CATALOGAÇÃO NA PUBLICAÇÃO
SINDICATO NACIONAL DOS EDITORES DE LIVROS, RJ

B999p Byrne, Rhonda, 1955

O Poder/ Rhonda Byrne; tradução de Leila Couceiro; Rio de Janeiro: Sextante, 2018.
272p.; il.; 14 x 17,8cm.

Tradução de: The Power
ISBN 978-85-431-0567-3

1. Controle (Psicologia). 2. Poder (Filosofia). 3. Técnicas de autoajuda. I. Couceiro, Leila. II. Título.

17-46138 CDD: 155.25
CDU: 159.947.5

GMT Editores Ltda.
Rua Voluntários da Pátria, 45 – Gr. 1.404 – Botafogo
22270-000 – Rio de Janeiro – RJ
Tel.: (21) 2538-4100 – Fax: (21) 2286-9244
E-mail: atendimento@sextante.com.br
www.sextante.com.br

Fátima.

the Secret®

O PODER™

"Esta é a causa da perfeição
de todas as coisas por todo o universo."

Tábua de Esmeralda, CERCA DE 3000 A.C.

Dedicado a você

Sumário

Prefácio

Nove de setembro de 2004 é um dia que nunca vou esquecer. Ao acordar, achei que seria uma manhã como outra qualquer, mas acabou se tornando o melhor dia da minha vida.

Como a maioria das pessoas, eu lutava e trabalhava muito para sobreviver, lidando com as dificuldades e os obstáculos da melhor forma que podia. Mas 2004 havia sido um ano especialmente difícil para mim, e as circunstâncias adversas me derrubaram naquele 9 de setembro. Meus relacionamentos, minha saúde, minha carreira e minhas finanças pareciam irrecuperáveis. Eu não conseguia enxergar uma saída para os problemas que se acumulavam. Foi então que tudo aconteceu!

Minha filha me deu um livro centenário[1] e, durante os 90 minutos que levei para ler a obra, minha vida mudou por completo. Compreendi por que tudo aquilo tinha acontecido comigo e logo soube o que fazer para mudar. Eu havia descoberto um segredo, um segredo que fora

---

1 WATTLES, Wallace. *A ciência de ficar rico*. Rio de Janeiro: Best Seller, 2007. Disponível também em inglês (*The Science of Getting Rich*) no site de *O Segredo*, www.thesecret.tv.

passado adiante ao longo dos séculos, mas que poucas pessoas conheciam até então.

A partir daquele momento, meu mundo não era mais o mesmo. Tudo em que eu acreditava era exatamente o *oposto* de como a vida era de fato. Durante décadas acreditei que as coisas simplesmente acontecem. Agora eu conseguia enxergar a incrível verdade.

Como a maioria das pessoas não conhecia esse segredo, resolvi compartilhá-lo com o mundo. Apesar de todos os obstáculos, produzi o filme *O Segredo*, que foi lançado em 2006. Mais tarde, naquele mesmo ano, escrevi o livro *O Segredo*, que me permitiu difundir ainda mais o que eu havia descoberto.

O Segredo atravessou o planeta na velocidade da luz, sendo transmitido de uma pessoa a outra. Hoje, milhões de indivíduos já tiveram sua vida transformada de maneiras surpreendentes a partir desse conhecimento.

À medida que os leitores iam aprendendo a colocar *O Segredo* em prática, eles me contavam suas histórias de superação, e eu comecei a entender melhor por que as pessoas passam por tantas dificuldades. A partir dessas descobertas, surgiu *O Poder*: um conhecimento que pode transformar vidas instantaneamente.

O Segredo revela a lei da atração – a lei mais poderosa que governa nossa vida. *O Poder* contém a essência de tudo que aprendi desde que *O Segredo* foi lançado. Agora, com este livro, você vai compreender que necessita apenas de uma coisa para mudar a sua vida, seja no campo dos relacionamentos, finanças, saúde, felicidade, carreira, etc.

Você não precisa ter lido *O Segredo* para que *O Poder* surta efeito, porque tudo que você deve saber está aqui. Se você leu o primeiro livro, então este vai somar-se de forma imensurável ao que já aprendeu.

Há muito mais para saber. Há muito mais para você compreender sobre si mesmo e sua vida. E tudo isso é bom. Na verdade, é mais do que bom, é fenomenal!

Agradecimentos

Minha profunda gratidão aos melhores seres humanos da história, que arriscaram tudo para assegurar que o conhecimento e a verdade da vida fossem preservados para futuras gerações.

Pela criação do livro *O Poder*, gostaria de agradecer a ajuda inestimável das seguintes pessoas: Skye Byrne, por sua edição fenomenal e, junto a Jan Child, por suas orientações, encorajamento, conhecimento técnico e opiniões valiosas; Josh Gold, por sua minuciosa pesquisa histórica e científica; Shamus Hoare, da Gozer Media, e Nic George, por seus originais trabalhos de arte e design gráfico, além da dedicação a criar um livro lindo e poderoso que vai tocar a vida de cada pessoa que o tiver nas mãos.

Meu mais profundo agradecimento às minhas editoras na Simon & Schuster: Carolyn Reidy e Judith Curr, por terem acreditado e aberto suas mentes e corações a novas maneiras de, juntas, podermos levar felicidade a bilhões; à minha editora Leslie Meredith, que tornou o processo de edição uma grande alegria; às revisoras Peg Haller, Kimberly Goldstein e Isolde

Saure; e ao restante da equipe da Simon & Schuster – Dennis Eulau, Lisa Keim, Eileen Ahearn, Darlene DeLillo, Twisne Fan, Kitt Reckord e Donna Loffredo – pelo trabalho incansável.

Meu amor e gratidão a meus colegas de trabalho e amigos queridos que fazem parte da equipe de *O Segredo*, pela coragem de abrir a mente para todas as possibilidades e superar cada desafio a fim de trazer felicidade ao mundo: Paul Harrington, Jan Child, Donald Zyck, Andrea Keir, Glenda Bell, Mark O'Connor, Damian Corboy, Daniel Kerr, Tim Patterson, Hayley Byrne, Cameron Boyle, Kim Vernon, Chye Lee, Lori Sharapov, Skye Byrne, Josh Gold, Nic George, Laura Jensen e Peter Byrne.

Muito obrigada aos advogados Michael Gardiner e Susan Seah, da Gardiner Seah; meu profundo agradecimento aos advogados Brad Brian e Luis Li, da Munger Tolles, pelos conselhos e experiência, por serem exemplos vivos de integridade e verdade e por trazerem positividade à minha vida.

Aos meus queridos amigos, que continuam me inspirando a atingir algo maior: Elaine Bate, Bridget Murphy, Paul Suding, Mark Weaver, Fred Nalder, Dani Hahn, Bobby Webb, James Sinclair, George Vernon, Carmen Vasquez, Helmer Largaespada e, por fim, mas não menos importante, Ángel Martín Velayos, cuja luz espiritual e fé me elevam a novos níveis a fim de que eu possa realizar o sonho de trazer alegria a bilhões de pessoas.

Às minhas filhas Hayley e Skye, que são minhas maiores mestras e iluminam minha vida a cada dia com sua presença; e às minhas irmãs Pauline, Glenda, Jan e Kaye, pelo apoio e amor infinito, tanto nos tempos felizes quanto nos mais difíceis. A morte repentina do nosso pai em 2004 me levou a descobrir *O Segredo*; durante o processo de escrita de *O Poder*, nossa mãe – e melhor amiga – faleceu, obrigando-nos a continuar sem ela, a ser o melhor que pudéssemos e a amar incondicionalmente para fazer diferença neste mundo. Do fundo do coração, obrigada, Mãe, por tudo.

INTRODUÇÃO

Você foi criado para ter uma vida *maravilhosa*!

Você nasceu para ter tudo que ama e deseja. Ter um trabalho gratificante e realizar todos os seus sonhos. Ter relacionamentos repletos de felicidade com a família e os amigos. Ter todo o dinheiro de que precisa para viver uma vida plena e maravilhosa. Você nasceu para viver os seus sonhos – todos eles! Se seu desejo é viajar, você foi criado para viajar. Se adoraria ter o próprio negócio, seu destino é abrir essa empresa. Se sonha em aprender a dançar, navegar um barco a vela ou estudar italiano, você nasceu para fazer essas coisas. Se almeja ser músico, cientista, empresário, inventor, artista, pai ou o que for, você foi *criado* para isso!

Ao acordar todas as manhãs, você deve ficar animado por *saber* que seu dia terá muitas coisas boas. Você nasceu para sorrir e ter alegrias. Para se sentir forte e seguro. Você foi criado para se sentir bem consigo mesmo e entender que tem valor. Claro que haverá desafios em sua vida e eles fazem parte do seu caminho, porque o ajudam a crescer, mas você nasceu para saber como superá-los. Você foi destinado a ser vitorioso! Nasceu para ser feliz! Foi criado para ter uma vida *maravilhosa*!

Você não nasceu para viver com dificuldades. Não nasceu para ter uma vida em que são raros os momentos alegres. Não nasceu para árduas jornadas de trabalho, com momentos fugazes de felicidade nos fins de semana. Não nasceu para viver com pouca energia, sentindo-se exausto ao fim de cada dia. Não nasceu para estar sempre preocupado e com medo. Não nasceu para sofrer. Qual seria o sentido da vida se fosse assim? Você foi criado para aproveitá-la ao máximo e ter tudo que deseja e, ao mesmo tempo, sentir-se repleto de felicidade, saúde, vitalidade, entusiasmo e amor, porque isso significa ter uma vida maravilhosa!

A vida dos seus sonhos, tudo que gostaria de ser, fazer e ter, sempre esteve mais perto do que você pensava, porque o poder para atingir *tudo* que você quer está dentro de você!

> *"Há um poder supremo, uma força dominante*
> *que permeia e rege o universo infinito.*
> *Você é parte deste poder."*
>
> Prentice Mulford (1834–1891)
>
> AUTOR DO NOVO PENSAMENTO

Neste livro, quero lhe mostrar o caminho para uma existência maravilhosa. Você vai descobrir algo incrível sobre si mesmo, sua vida e o universo. A vida é muito mais fácil do que se pensa e, ao compreender como ela funciona e o poder que carrega dentro de si mesmo, você conseguirá viver a mágica da vida em sua plenitude – e então terá uma existência fantástica!

Agora deixe a mágica começar.

O QUE É O PODER?

"Que poder é este, eu não sei; tudo que sei é que existe."

Alexander Graham Bell (1847–1922)

INVENTOR DO TELEFONE

A vida é simples. É feita de dois tipos de coisas: as positivas e as negativas. Cada área da sua vida – seja saúde, dinheiro, relacionamentos, trabalho ou felicidade – pode ter um efeito positivo ou negativo. Você tem muito ou pouco dinheiro. Está esbanjando saúde ou vive doente. Tem relacionamentos felizes ou complicados. Sua carreira é empolgante e bem-sucedida ou monótona e fracassada. Você está sempre sorrindo ou anda descontente. Tem anos agradáveis ou ruins, momentos bons ou difíceis, dias de alegria ou tristeza.

Se você identificar mais coisas negativas do que positivas em sua vida, então algo está muito errado e você sabe disso. Você vê pessoas felizes e realizadas, cujas vidas são repletas de coisas maravilhosas, e algo lhe diz que você também merece tudo aquilo. E está certo: de fato *merece* uma vida que transborda coisas boas.

A maioria das pessoas felizes não sabe exatamente o que fez para conseguir isso. Mas alguma coisa elas *fizeram*, sim. Usaram o poder que é a causa de tudo que é bom na vida...

Sem exceção, todas as pessoas que têm uma vida feliz usaram o *amor* para alcançá-la. O poder para ter todas as coisas boas e positivas na vida é o *amor*!

Desde o início dos tempos, o amor é mencionado e descrito por todas as religiões, todos os grandes pensadores, filósofos, profetas e líderes. No entanto, muitos de nós não entendemos de fato suas palavras sábias. Embora tais ensinamentos fossem dirigidos às pessoas de seu tempo, a verdade e mensagem única para o mundo continua a mesma: *ame*, porque, ao amar, você está usando o maior poder do universo.

A Força do Amor

> *"O amor é um elemento que, apesar de fisicamente invisível, é tão real quanto o ar ou a água.*
> *É uma força atuante, viva, em movimento...*
> *Move-se em ondas e correntes, como as do oceano."*

Prentice Mulford (1834–1891)
AUTOR DO NOVO PENSAMENTO

O tipo de amor descrito pelos maiores pensadores do mundo é muito diferente daquilo que a maioria das pessoas entende por amor. É muito mais que amar a família, os amigos e as coisas favoritas, porque o amor não é apenas um sentimento: é uma força positiva. Não é fraco, débil nem suave. O amor é *a força* positiva da vida! É a causa de *tudo* que é positivo e bom. Não existem 100 forças positivas diferentes na vida – apenas uma.

As grandes forças da natureza, como a gravidade e o eletromagnetismo, são invisíveis aos nossos sentidos, mas seu poder é inegável. Da mesma forma, a força do amor é invisível para nós, mas seu poder é ainda maior que qualquer força da natureza. A prova desse poder pode ser vista em qualquer lugar: sem amor, não há vida.

Pense nisso por um momento: o que seria do mundo sem o amor? Primeiro, você nem existiria; sem amor, você nem sequer teria nascido. Tampouco seus familiares ou seu círculo de amigos. De fato não haveria nenhum ser humano no planeta. Se a força do amor cessasse hoje, a raça humana iria chegar à extinção.

Cada invenção, descoberta e criação humana surgiu a partir do amor. Se não fosse o amor dos irmãos Wright, não poderíamos viajar de avião. Se não fosse o amor dos cientistas, inventores e descobridores, não teríamos eletricidade, aquecimento ou luz; não poderíamos dirigir carros nem usar telefone, eletrodoméstico ou qualquer outra tecnologia que torna a vida mais fácil e confortável. Sem o amor de arquitetos e engenheiros, não haveria casas, prédios ou cidades. Sem amor, não existiriam remédios, médicos ou hospitais. Não haveria professores, escolas ou educação. Nem livros, pinturas ou música, porque todas essas coisas são criadas pela força positiva do amor. Olhe à sua volta agora. Tudo que você vê é uma criação humana que não estaria aqui se não fosse o amor.

"Tire o amor e nosso mundo se tornará um túmulo."

Robert Browning (1812–1889)

Poeta

O Amor É a Força Que Nos Move

Tudo que você quer ser ou fazer vem do amor. Sem amor, você não se moveria. Não haveria uma força positiva impelindo-o a se levantar de manhã, trabalhar, praticar esportes, dançar, conversar, aprender, ouvir música ou fazer qualquer outra coisa. Você ficaria como uma estátua de pedra. É a força positiva do amor que o inspira a se movimentar e que lhe dá o desejo de ser, fazer e ter. A força positiva do amor pode criar tudo que é bom, aumentar a frequência das coisas boas e mudar o que há de negativo. Você tem poder sobre sua saúde, riqueza, carreira, relacionamentos, tudo em sua vida. E esse poder – o amor – está dentro de você!

Então, se você tem poder sobre sua vida, e esse poder está dentro de você, por que sua vida não é maravilhosa? Por que ela não é 100% magnífica? Por que você não possui tudo que quer? Por que ainda não foi capaz de realizar tudo que gostaria? Por que não se sente repleto de alegria todos os dias?

A resposta é: porque você tem uma escolha. Você escolhe amar – aproveitando essa energia positiva – ou não. Mesmo que não perceba, a cada dia da sua vida – a cada *momento* –

você faz essa escolha. Sem exceção, todas as vezes que você teve uma boa experiência, você amou e fez uso da força positiva do amor. E a cada vez que vivenciou uma situação ruim, não amou, resultando em negatividade. O amor é a causa de tudo que é bom em sua vida, e a falta de amor é a causa de tudo que é negativo, de toda a dor e de todo o sofrimento. É evidente a falta de conhecimento e de compreensão sobre o poder do amor na vida das pessoas hoje – e em toda a história da humanidade.

> *"O amor é a energia mais poderosa e, ainda assim, a mais desconhecida no mundo."*
>
> Pierre Teilhard de Chardin (1812–1889)
>
> PADRE E FILÓSOFO

Agora que você tem conhecimento acerca do único poder que existe sobre todas as coisas boas da vida será capaz de usá-lo para transformá-la. Antes disso, você precisa entender *exatamente* como o amor funciona.

A Lei do Amor

O universo é governado por leis naturais. Podemos viajar de avião porque a aviação trabalha em harmonia com as leis naturais. As leis da física não mudaram para que pudéssemos voar, mas encontramos uma forma de operar de acordo com as leis naturais e então descobrimos como fazer isso. Assim como as leis da física regem a aviação, a eletricidade e a gravidade, há uma lei que governa o amor. Para extrair a energia positiva do amor e mudar sua vida, você deve entender essa lei, que é a mais poderosa do universo – a lei da atração.

Da maior à menor coisa que existe, a lei da atração é o que posiciona cada estrela no universo e forma cada átomo e molécula. A força da atração do Sol mantém os planetas em órbita, evitando que se lancem espaço afora. A força da gravidade segura você e cada pessoa, animal, planta e mineral na Terra. A força da atração pode ser percebida em toda a natureza, desde a flor atraindo abelhas para si ou a semente atraindo nutrientes do solo até cada ser vivo sendo atraído pela própria espécie. A força da atração age sobre todos os animais na terra, sobre os peixes no mar e sobre os pássaros no céu, levando-os a se multiplicarem e formarem manadas, cardumes e passaradas. A força da atração mantém no lugar as células do seu corpo, os tijolos da sua casa, os móveis onde você se senta; mantém o seu carro grudado na estrada e a água dentro do seu copo. Cada objeto que você usa conserva sua forma e solidez por meio da força da atração.

A atração é a força que leva as pessoas a se aproximarem umas das outras. Leva-as a formarem cidades e nações, grupos, clubes e sociedades em que compartilham interesses. É a força que impele uma pessoa a fazer ciência e outra, culinária; que faz algumas pessoas gostarem de diversos esportes, estilos diferentes de música ou de determinados animais. A atração é a força que faz com que você goste de suas coisas e lugares favoritos e que o conecta com seus amigos e com as pessoas que você ama.

A Força Atrativa do Amor

Então o que é a força da atração? A força da atração é a força do amor! Atração *é* amor. Quando você é atraído por sua comida favorita, está sentindo amor por ela. Sem atração, você não sentiria nada. Todas as comidas seriam iguais. Você não saberia diferenciar o que ama do que não ama, porque não se sentiria atraído por nada. Você não se sentiria atraído por outra pessoa, por uma cidade em particular, casa, carro, esporte, emprego, música, roupas ou qualquer outra coisa, porque é por meio da força da atração que você sente amor!

> *"A lei da atração e a lei do amor...*
> *são a mesma coisa."*

Charles Haanel (1866–1949)

AUTOR DO NOVO PENSAMENTO

A lei da atração *é* a lei do amor. É a lei todo-poderosa que mantém tudo em harmonia, desde as incontáveis estrelas até os átomos. Opera em tudo e por meio de tudo no universo. E é a lei que age sobre a sua vida.

Em termos universais, a lei da atração diz que semelhante atrai semelhante. Resumidamente, o que isso significa é: o que você *dá*, você *recebe* de volta. Tudo que você transmite na vida é o que retorna para você. Tudo que você oferece, pela lei da atração, é exatamente o que você atrai de volta para si mesmo.

> *"Para cada ação há uma reação oposta e de igual intensidade."*
>
> Isaac Newton (1643–1727)
>
> MATEMÁTICO E FÍSICO

Toda ação de *dar* cria uma reação oposta de *receber* e o que você recebe é sempre equivalente ao que você dá. Tudo o que der na vida vai retornar para você. Esta é a física e a matemática do universo.

Dê positividade e *receberá* positividade. *Dê* negatividade e *receberá* negatividade. Dê positividade e receberá uma vida repleta de coisas positivas. Dê negatividade e receberá uma vida cheia de coisas negativas. E como você dá positividade ou negatividade? Por meio de seus pensamentos e sentimentos!

A cada momento, você está dando pensamentos positivos ou negativos. Você está oferecendo sentimentos positivos ou negativos. Sejam positivos ou negativos, são eles que vão determinar o que você vai receber de volta. Todas as pessoas, circunstâncias e eventos que fazem parte de cada momento da sua vida são atraídos de volta para você por meio dos pensamentos e sentimentos que você gera. A vida não acontece simplesmente para você; tudo que você *recebe* está baseado no que você *dá*.

> *"Deem e lhes será dado... pois a medida que usarem também será usada para medir vocês."*
>
> Jesus (CERCA DE 5 A.C–30 D.C.)
>
> FUNDADOR DO CRISTIANISMO, EM LUCAS 6:38

O que dá, você recebe. Dê ajuda e apoio a um amigo que está se mudando de casa e com certeza essa ajuda e apoio serão devolvidos a você na velocidade da luz. Dê raiva a um parente que o decepcionou e essa raiva retornará, revestida nas circunstâncias de sua vida.

Você está criando sua vida com seus pensamentos e sentimentos. O que quer que pense e sinta gera tudo que acontece com você e tudo que vivencia. Se você pensar e sentir "Hoje vai ser um dia difícil e estressante", então vai atrair pessoas, circunstâncias e eventos que tornarão seu dia difícil e estressante.

Se você pensar e sentir "A vida é muito boa para mim", então vai atrair pessoas, circunstâncias e eventos que tornarão sua vida realmente muito boa para você.

Você É um Ímã

A lei da atração inevitavelmente lhe dá tudo com base no que você está gerando. Você magnetiza e recebe as circunstâncias de riqueza, saúde, relacionamentos, trabalho e cada evento e experiência em sua vida com base nos pensamentos e sentimentos que você gera. Dê pensamentos e sentimentos positivos sobre dinheiro e você vai magnetizar circunstâncias, pessoas e eventos positivos que vão lhe trazer mais dinheiro. Dê pensamentos e sentimentos negativos sobre dinheiro e você vai magnetizar circunstâncias, pessoas e eventos negativos que vão lhe causar prejuízo.

> *"Se a humanidade vai conscientemente seguir a lei do amor, não sei. Isso não me preocupa. A lei vai funcionar tanto quanto a lei da gravidade, não importa se a aceitam ou não."*
>
> Mahatma Gandhi (1869–1948)
>
> LÍDER POLÍTICO INDIANO

Tão certo quanto você pensa e sente, a lei da atração está respondendo a você. Não importa se seus pensamentos e sentimentos são bons ou ruins, você os está gerando e eles retornarão tão automática e precisamente quanto um eco devolve as mesmas palavras que você diz. Isso significa que você pode transformar sua vida ao mudar seus pensamentos e sentimentos. Ofereça pensamentos e sentimentos positivos e sua vida mudará completamente!

Pensamentos Positivos e Negativos

Seus pensamentos são tanto as palavras que ouve dentro de sua cabeça quanto as que você fala em voz alta. Quando você diz "Que dia lindo", você primeiro teve o pensamento e depois pronunciou as palavras. Seus pensamentos também se tornam suas ações. Quando se levanta pela manhã, você pensa em sair da cama antes de executar a ação. Você não pode tomar nenhuma atitude sem pensar antes.

São seus pensamentos que determinam se suas palavras ou ações serão positivas ou negativas. Mas como saber se seus pensamentos são positivos ou negativos? São positivos quando dizem respeito a algo que você quer e ama! São negativos quando falam sobre algo que você não quer e não gosta. É simples assim.

O que quer que deseje na vida, você o faz porque ama. Pense nisso por um momento. Você não quer coisas que não ama, certo? Todas as pessoas querem apenas o que amam. Ninguém quer algo que não ama.

Quando você pensa ou fala de coisas que quer e ama, como "Adoro esses sapatos, são lindos", seus pensamentos são positivos e voltarão para você na forma das coisas que ama: belos sapatos. Quando você pensa ou fala de algo que não quer e não gosta, como "Olha o preço desses sapatos, que roubo!", seus pensamentos são negativos e trarão de volta o que você não ama: coisas caras demais.

A maioria das pessoas pensa e fala *mais* sobre aquilo que não gosta do que sobre aquilo que ama. Transmitem mais negatividade do que amor e, ao fazerem isso, estão inadvertidamente se privando das coisas boas da vida.

É impossível ter uma vida maravilhosa sem amor. As pessoas que têm vidas extraordinárias pensam e falam *mais* sobre o que elas amam do que a respeito daquilo que não amam! E as pessoas que sofrem dificuldades pensam e falam *mais* sobre o que não gostam do que a respeito daquilo que amam!

> *"Só uma palavra nos liberta de todo o peso e dor da vida. Essa palavra é amor."*
>
> Sófocles (496–406 A.C.)
> DRAMATURGO GREGO

Fale Sobre o Que Ama

Quando você conversa sobre dificuldades com dinheiro, relacionamento, uma doença ou mesmo sobre a diminuição dos lucros em seu negócio, você não está falando sobre aquilo que ama. Quando comenta sobre uma notícia ruim, uma pessoa ou situação que o irritou ou decepcionou, você não está falando daquilo que ama. Contar sobre o dia ruim que teve, sobre o atraso para um compromisso, sobre ficar preso num engarrafamento ou perder o ônibus, tudo isso é falar de coisas que você não ama. Há muitas coisas pequenas que acontecem a cada dia; se você cair na armadilha de ficar falando sobre coisas ruins que acontecem todos os dias, cada uma delas vai trazer mais problemas e dificuldades para sua vida.

Você deve falar sobre as boas notícias do dia. Sobre o compromisso em que deu tudo certo. Sobre como você gosta de ser pontual. Sobre como é bom ser saudável. Sobre os lucros que gostaria de atingir na empresa. Sobre as situações e interações boas por que passou. Você deve falar sobre o que ama, a fim de atrair para si o que ama.

Se ficar repetindo situações negativas e tagarelando sobre aquilo que não ama, você estará se aprisionando, como um papagaio numa gaiola. Cada vez que menciona um assunto de que não gosta, você adiciona mais uma grade à gaiola e se tranca lá dentro, fora do alcance de tudo que é bom.

As pessoas felizes falam *mais* sobre aquilo que amam. Ao fazerem isso, ganham acesso ilimitado a todas as coisas boas e se tornam livres como pássaros que voam alto no céu. Para ter uma vida maravilhosa, quebre as grades da gaiola que o aprisiona; dê amor, fale apenas sobre o que você ama e o amor vai libertá-lo!

"E conhecerão a verdade, e a verdade os libertará."

Jesus (CERCA DE 5 A.C.–30 D.C.)

FUNDADOR DO CRISTIANISMO,
NO EVANGELHO SEGUNDO JOÃO 8:32

Nada é impossível para a força do amor. Não importa quem você é ou qual situação está enfrentando, a força do amor pode libertá-lo.

Conheço uma mulher que, por meio do amor apenas, quebrou as grades que a aprisionavam. Encontrava-se numa situação de pobreza, sozinha para criar os filhos, após o término de um casamento abusivo que durou 20 anos. Apesar das extremas dificuldades, essa mulher nunca permitiu que o rancor, a raiva ou qualquer outro sentimento ruim se enraizasse dentro dela. Nunca falou negativamente sobre o ex-marido. Em vez disso, gerava apenas pensamentos e palavras positivas sobre seu sonho de encontrar um novo amor lindo e perfeito, além do sonho de viajar para a Europa. Embora não tivesse dinheiro suficiente, ela tirou o passaporte e comprou pequenos itens que gostaria de um dia levar na mala.

Bem, ela de fato acabou encontrando um novo marido, lindo e perfeito. Depois do casamento, eles se mudaram para a casa dele na Espanha, com vista para o mar, onde hoje ela vive muito feliz.

Essa mulher se recusava a falar sobre o que não amava; em vez disso, escolheu dar amor e pensar e falar sobre o que amava. Assim, ela se libertou das dificuldades e do sofrimento e acabou recebendo uma vida belíssima.

Você pode mudar sua vida, porque tem uma capacidade ilimitada de pensar e falar sobre o que ama, atraindo para si tudo de bom que existe na vida! No entanto, o poder que você tem vai muito além do que transmitir pensamentos e palavras positivas sobre as coisas que ama, porque a lei da atração *também* responde aos seus sentimentos. Você tem que *sentir* amor para fazer uso desse poder!

"O amor é o cumprimento da lei."

São Paulo (CERCA DE 5–67 D.C.)

APÓSTOLO CRISTÃO, NA EPÍSTOLA AOS ROMANOS 13:10

RESUMINDO O PODER

- *O amor não é fraco, débil ou suave. O amor é a força positiva da vida! O amor é a causa de tudo que é positivo e bom.*
- *Tudo que você quer ser, fazer ou ter vem do amor.*
- *A força positiva do amor pode criar qualquer coisa boa, aumentar o que é bom e mudar o que há de negativo na sua vida.*
- *Todo dia, a cada momento, você faz uma escolha entre amar e aproveitar essa força positiva ou não.*
- *A lei da atração é a lei do amor, e é essa lei que opera na sua vida.*
- *Tudo que você dá você recebe de volta. Dê positividade e receberá positividade de volta. Dê negatividade e receberá negatividade de volta.*
- *A vida não acontece de maneira aleatória; tudo que você recebe é baseado no que você dá.*
- *Não importa se seus pensamentos e sentimentos são bons ou ruins, eles retornarão a você tão automática e precisamente quanto um eco.*
- *As pessoas felizes pensam e falam mais sobre o que elas amam do que sobre o que elas não amam!*

- *Conte as boas notícias do dia. Fale sobre o que você ama. E traga o que ama até você.*

- *Você tem uma capacidade ilimitada de pensar e falar sobre o que você ama, portanto tem uma capacidade ilimitada de trazer para si tudo de bom que existe na vida!*

- *Ame, porque, ao amar, você está usando o maior poder do universo.*

O PODER DOS SENTIMENTOS

"Sentir é o segredo."

Neville Goddard (1905–1972)
AUTOR DO NOVO PENSAMENTO

Você É um Ser Que Sente

A partir do momento em que nasce, você está sempre sentindo alguma coisa, assim como todas as outras pessoas. Você pode interromper seus pensamentos conscientes enquanto dorme, mas nunca pode parar de sentir, porque estar vivo é sentir. Você é, por essência, um ser que sente, por isso não é à toa que cada parte de seu corpo é criada a fim de que você possa sentir a vida!

Você tem os sentidos da visão, da audição, do paladar, do olfato e do tato para que consiga sentir tudo. São sentidos de "sentimento", porque permitem que você sinta o que vê, ouve, come, cheira e toca. Seu corpo é coberto com uma fina camada de pele, que é um órgão sensível, de modo que você possa *sentir* tudo.

Mais importante do que qualquer outra coisa é como você se sente a cada momento, porque o que você sente agora está criando a sua vida.

Seus Sentimentos São o Combustível

Seus pensamentos e palavras não têm poder sem seus sentimentos. Você tem vários pensamentos em um dia que não fazem muita diferença, porque muitos deles não provocam um sentimento forte dentro de você. O que importa é o que você *sente*!

Imagine seus pensamentos e palavras como um foguete e seus sentimentos como o combustível. O foguete é um veículo estacionário que nada pode fazer sem combustível, porque o combustível é a força que lança o foguete ao espaço. A mesma coisa acontece com seus pensamentos e palavras: são veículos que não podem ser utilizados sem seus sentimentos, porque seus sentimentos são o poder que os move!

Se você pensa: "Não suporto meu chefe", esse pensamento expressa um forte *sentimento* negativo que você tem em relação a seu chefe, e você está gerando esse *sentimento*. Como consequência, seu relacionamento com seu chefe continuará a piorar.

Se você pensa: "Trabalho com pessoas maravilhosas no escritório", essas palavras expressam o *sentimento* positivo que você tem em relação às pessoas com quem trabalha, e você está gerando esse *sentimento*. Como consequência, a relação com seus colegas só melhorará.

> *"As emoções devem ser invocadas a fim de darem sentimentos ao pensamento, para que este se concretize."*
>
> Charles Haanel (1866–1949)
>
> AUTOR DO NOVO PENSAMENTO

Sentimentos Bons e Ruins

Como tudo na vida, seus sentimentos podem ser positivos ou negativos – bons ou maus. Todos os sentimentos positivos vêm do amor! Todos os negativos vêm da falta de amor. Quanto melhor você se sente, como em seus momentos de felicidade, mais amor você gera. Quanto mais amor você *dá*, mais você *recebe*.

Quanto pior você se sente, por exemplo, nos momentos de desespero, mais negatividade você gera. Quanto mais negatividade transmite, mais negatividade volta para você. O motivo pelo qual você se sente tão mal com sentimentos negativos é que o *amor* é a força positiva da vida, e sentimentos negativos não contêm muito amor!

Quanto melhor você se sente, melhor a vida fica.

amor
gratidão
alegria
paixão
animação
entusiasmo
esperança
satisfação
tédio
irritação
decepção
preocupação
crítica
raiva
ódio
inveja
culpa
desespero
medo

Quanto pior você se sente, pior a vida fica – até que você mude a forma como se sente.

Quando você se sente bem, seus pensamentos automaticamente são bons. Não há como se sentir bem e ter pensamentos negativos ao mesmo tempo! De igual modo, é impossível se sentir chateado e ter bons pensamentos simultaneamente.

A forma como você se sente é a reflexão exata do que você gera a cada momento. Quando se sente bem, você não precisa se preocupar com mais nada, porque seus pensamentos, palavras e ações serão bons. O simples fato de se sentir bem já garante o fato de que você está dando amor. E todo esse amor retornará a você!

Bem Significa Bem Mesmo

Quase todas as pessoas sabem o que é se sentir bem ou mal, mas não percebem que também guardam uma boa dose de sentimentos negativos. Acham que se sentir mal significa uma negatividade extrema, como tristeza, luto, raiva ou medo, mas, embora sentir-se mal de fato inclua todas essas emoções, há vários graus de sentimentos negativos.

Se você se sente "normal" na maior parte do tempo, talvez pense que isso é um sentimento positivo, por não estar se sentindo tão mal. Se antes estava se sentindo péssimo e agora se sente normal, então é claro que essa sensação é muito mais agradável. No entanto, estar "normal" costuma ser um sentimento negativo, porque não equivale a se sentir bem. Sentir-se bem significa sentir-se bem de verdade! Estar feliz, alegre, animado, entusiasmado, apaixonado. Quando você se sente apenas normal, na média, ou não sente muita coisa, então sua vida será mais ou menos, na média, muito sem graça! Isso não é uma vida boa. Sentimentos bons significam que você está bem mesmo, e se sentir muito feliz é o que gera uma vida boa para valer!

"A medida do amor é um amor sem medida."

São Bernardo de Clairvaux (1090–1153)

MONGE CRISTÃO E MÍSTICO

Quando você se sente exultante, gera alegria e recebe de volta experiências, situações e pessoas felizes, aonde quer que vá. Desde a experiência mais simples, como ouvir sua música favorita no rádio, até outras mais significativas, como receber um aumento de salário, todas as circunstâncias que você vive são a lei da atração respondendo a seu sentimento de alegria. Quando você se sente irritado, gera irritação e recebe de volta experiências, situações e pessoas irritantes, aonde quer que vá. Desde uma irritação simples como um mosquito até outra maior, como seu carro enguiçar, todas essas experiências são a lei da atração respondendo à sua irritação.

Todo sentimento bom une você à força do amor, porque o amor é a fonte de todos os sentimentos bons. Entusiasmo, animação e paixão vêm do amor. Quando você sente qualquer um deles, recebe de volta uma vida repleta de coisas que lhe causam ainda mais entusiasmo, animação e paixão.

Você pode extrair o máximo poder de um sentimento bom aumentando sua intensidade. Para isso, assuma o controle e intensifique esse sentimento, a fim de se sentir o melhor que puder. Para ampliar o entusiasmo, deleite-se em entusiasmo; explore a emoção, sentindo-a de forma intensa! Quando sentir paixão ou alegria, aproveite esses sentimentos e os intensifique, sentindo-os o mais profundamente possível. Quanto mais ampliar os sentimentos bons, maior será o amor que você vai dar, e os resultados que você receberá em troca serão nada menos que espetaculares.

Quando você tem um sentimento bom, é possível amplificá-lo ao recorrer às coisas que você ama. Antes de me sentar para escrever este livro, todo dia eu passava algum tempo amplificando meus sentimentos bons. Para isso, eu pensava em todas as coisas que amo, contando-as sem parar, uma após a outra: minha família, meus amigos, minha casa, as flores do jardim, o clima, as cores, as situações, os eventos e as coisas que adorei terem acontecido durante a semana, o mês ou o ano. Eu listava tudo mentalmente até me sentir muito feliz. Então eu me sentava para escrever. Amplificar os sentimentos bons é simples e você pode fazê-lo em qualquer lugar, a qualquer hora.

Seus Sentimentos Refletem o Que Você Está Dando

Você pode identificar agora mesmo, nas principais áreas da sua vida, se está oferecendo mais sentimentos bons ou maus. Como você se *sente* a respeito de cada uma destas partes da vida – dinheiro, saúde, emprego e relacionamentos pessoais – é um reflexo exato do que você vem gerando em cada área.

Quando você pensa em dinheiro, seus sentimentos refletem o que você está dando em relação a dinheiro. Se você tem um sentimento ruim ao pensar em dinheiro, por não ter o bastante, você tem que receber em troca circunstâncias e experiências negativas de não ter dinheiro suficiente – porque é esse o sentimento negativo que você está dando.

Quando pensa em seu emprego, seus sentimentos lhe dizem o que você está gerando em relação a seu trabalho. Se você se sente bem no emprego, tem que receber de volta circunstâncias e experiências positivas – porque esse é o sentimento positivo que você está dando. Quando pensa sobre sua família, saúde ou qualquer outro assunto importante em sua vida, seus sentimentos lhe dizem o que você está gerando.

> *"Cuidado com seus humores e sentimentos, pois há uma conexão ininterrupta entre os sentimentos e o mundo visível."*

Neville Goddard (1905–1972)

AUTOR DO NOVO PENSAMENTO

A vida não acontece para você; a vida *responde* a você. A vida é uma escolha sua. Cada área da vida é decisão sua. Você é o criador. É o autor da própria história. Você é o diretor do filme da sua vida. Você decide o que vai viver por meio do que você gera.

Há níveis infinitos de bons sentimentos que você pode sentir, o que significa que não há limite para os cumes da vida que você pode alcançar. Também há muitos níveis de sentimentos ruins, que podem se tornar cada vez mais negativos, mas no caso deles há um limite, além do qual você não consegue suportar, o que o força a escolher sentimentos bons outra vez.

Não é por acaso que sentimentos bons dão uma sensação maravilhosa e sentimentos ruins o deixam tão mal. O amor é o poder supremo regente da vida, e ele o chama e atrai por meio de seus bons sentimentos, a fim de que você desfrute da vida que nasceu para viver. O amor também o chama por meio de seus sentimentos ruins, porque eles lhe dizem que você está desconectado da força positiva da vida!

Tudo Está Relacionado Com o Que Você Sente

Tudo na vida está relacionado com a forma como você se sente. Cada decisão sua é tomada com base nisso. O único poder motivador de sua existência são os seus sentimentos!

Você quer o que quer porque ama e porque isso vai fazê-lo se *sentir* bem. Você não quer o que não quer porque isso vai fazê-lo se *sentir* mal.

Você quer saúde porque dá uma sensação ótima ser saudável, enquanto ficar doente o faz se sentir mal. Você quer dinheiro porque dá uma sensação boa comprar e fazer as coisas que você ama, e dá uma sensação ruim não poder fazê-las ou tê-las. Você quer relacionamentos felizes porque eles o fazem se sentir bem, enquanto relacionamentos ruins o fazem se sentir mal. Você quer felicidade porque a felicidade o faz se sentir bem, e ser infeliz o faz se sentir mal.

Todas as coisas que você quer são motivadas pelos sentimentos bons que elas lhe dão! E como você recebe as coisas boas que deseja na vida? Com sentimentos bons! O dinheiro quer você. A saúde quer você. A felicidade quer você. Todas as coisas que você ama querem você! Estão todas prontas para entrar na sua vida, mas você precisa gerar sentimentos bons para atraí-las. Você não precisa batalhar e lutar para mudar as circunstâncias da sua vida; tudo que precisa fazer é dar amor por meio de sentimentos bons e aquilo que você quer vai aparecer!

Seus sentimentos bons utilizam a força do amor – o poder de tudo que é bom na vida. Eles lhe dizem que esse é o caminho que você quer. Seus sentimentos bons lhe dizem que, quando você se sentir bem, a vida será boa! Mas, primeiro, você precisa dar esses bons sentimentos!

Se você vive dizendo a si mesmo: "Serei feliz quando tiver uma casa maior", "Serei feliz quando conseguir um emprego ou uma promoção", "Serei feliz quando meus filhos se formarem na faculdade", "Serei feliz quando tivermos mais dinheiro", "Serei feliz quando puder viajar" ou "Serei feliz quando minha empresa for bem-sucedida", você nunca terá essas coisas, porque seus pensamentos estão desafiando a forma como o amor funciona. Estão desafiando a lei da atração.

Você tem que ser feliz primeiro, e *dar* felicidade, para então *receber* coisas felizes! Não acontecerá de nenhuma outra forma, pois, para tudo que você quer *receber* na vida, você precisa *dar* antes! Você está no comando dos seus sentimentos, no comando do seu amor, e a força do amor vai retribuir tudo o que você der.

RESUMINDO O PODER

- *Como você se sente a qualquer momento é mais importante do que tudo, porque a forma como você se sente agora está criando a sua vida.*

- *Seus sentimentos são o poder que move seus pensamentos e palavras. O que importa é o que você sente!*

- *Todos os sentimentos bons vêm do amor! Todos os sentimentos negativos vêm da falta de amor.*

- *Todo sentimento bom une você à força do amor, porque o amor é a fonte de todos os sentimentos bons.*

- *Amplifique seus sentimentos bons pensando sobre todas as coisas que você ama. Enumere as coisas que ama, sem parar, uma após a outra. Continue fazendo essa lista de tudo que você ama até se sentir maravilhosamente bem.*

- *A forma como se sente a respeito de cada parte da sua vida é um reflexo exato do que você gera em cada uma dessas áreas.*

- *A vida não está acontecendo para você – a vida está lhe respondendo! Cada parte da sua vida é uma escolha sua, e é você quem decide sobre tudo por meio do que dá à vida.*

- *Há níveis infinitos de sentimentos bons que você pode sentir, o que significa que não há limite para os cumes da vida que você pode alcançar.*

- *Todas as coisas que você ama querem você! O dinheiro quer você. A saúde quer você. A felicidade quer você.*

- *Não se desespere para mudar as circunstâncias da vida. Dê amor por meio dos sentimentos bons, e o que você quiser vai aparecer!*

- *Você tem que dar bons sentimentos primeiro. Precisa ser feliz primeiro e dar felicidade para então receber coisas boas! Para tudo que quiser receber na vida, você precisa dar antes!*

FREQUÊNCIAS DE SENTIMENTO

O Que Você Sente É o Que Você Recebe

Tudo no universo é magnético e tudo tem uma frequência magnética. Seus sentimentos e pensamentos também têm frequências magnéticas. Bons sentimentos indicam que você está numa frequência positiva de amor. Sentimentos ruins indicam que você está numa frequência negativa. Tudo que você sente, seja bom ou ruim, determina sua frequência e, como um ímã, você atrai as pessoas, os eventos e as circunstâncias que estão nessa mesma frequência!

Se você se sente entusiasmado, sua frequência de entusiasmo vai atrair pessoas, eventos e circunstâncias empolgantes. Se você se sente amedrontado, sua frequência de medo vai atrair pessoas, eventos e circunstâncias atemorizantes. Você nunca fica em dúvida acerca de qual frequência está, porque ela é sempre exatamente o que está sentindo. Você pode mudar sua frequência a qualquer momento, mudando como se sente, e tudo à sua volta mudará também, porque você se encontrará em uma nova frequência.

Em qualquer situação da vida, qualquer resultado é possível, porque você pode ter qualquer sentimento sobre essa situação!

Um relacionamento pode estar numa frequência feliz, alegre, excitante, gratificante ou na de qualquer outro sentimento bom. Ou pode estar numa frequência entediante, frustrante, preocupante, ressentida, depressiva ou na de qualquer outro sentimento ruim. Qualquer resultado pode vir desse relacionamento. O sentimento que você estiver gerando a respeito dele, seja qual for, será justamente o que você receberá de volta na relação. Se na maior parte do tempo estiver se sentindo feliz, você estará dando amor e terá que receber de volta amor e felicidade por meio dele, porque é nessa frequência que você se encontra.

> *"Uma mudança de sentimento é uma mudança de destino."*
>
> Neville Goddard (1905–1972)
>
> AUTOR DO NOVO PENSAMENTO

Confira a lista de frequências de sentimento a seguir. Você pode observar que, em qualquer área da sua vida, há muitas frequências de sentimento diferentes. Determine o que vai acontecer em cada área a partir de como se sente sobre essa parte da vida!

amor
gratidão
alegria
paixão
animação
entusiasmo
esperança
satisfação
tédio
irritação
decepção
preocupação
crítica
raiva
ódio
inveja
culpa
desespero
medo

Você pode se sentir animado, feliz, alegre, esperançoso, preocupado, receoso ou deprimido em relação a dinheiro. Você pode se sentir empolgado, apaixonado, exultante, desanimado ou ansioso em relação à sua saúde. São frequências de sentimento diferentes e, seja lá qual for aquela em que você estiver, esse sentimento é o que você vai receber em troca.

Talvez você queira viajar, mas, se estiver desapontado por não ter dinheiro suficiente, então nesse âmbito da sua vida você está sentindo decepção. Esse sentimento demonstra que você está na frequência da decepção, por isso receberá de volta circunstâncias decepcionantes que o impedirão de viajar, até que mude a forma como se sente. A força do amor vai influenciar cada circunstância a fim de que você viaje, mas você precisa estar em uma das frequências de sentimentos bons para recebê-la.

Ao mudar a maneira como se sente sobre uma situação, você passa a transmitir um sentimento diferente e entra numa frequência de sentimento diferente, assim a situação *tem que* mudar para refletir essa nova frequência. Se algo negativo aconteceu em sua vida, é possível modificar isso. Nunca é tarde, porque você sempre pode transformar a maneira como se sente. Para receber o que deseja, para direcionar tudo ao que você ama, não importando em que área, *tudo* que é preciso fazer é mudar a maneira como você se sente!

"Se você quiser descobrir os segredos do universo, pense em termos de energia, frequência e vibração."

Nikola Tesla (1856–1943)

INVENTOR DO RÁDIO E DA CORRENTE ALTERNADA

Tire Seus Sentimentos do Piloto Automático

Muitas pessoas não conhecem o poder dos sentimentos bons, então seus sentimentos são reações ou respostas ao que acontece a elas. Colocam seus sentimentos no piloto automático, em vez de deliberadamente assumir o controle deles. Quando algo bom acontece, elas se sentem bem. Quando algo ruim acontece, elas se sentem mal. Não percebem que seus sentimentos são a *causa* de tudo isso. Ao reagirem com sentimentos negativos a algo que aconteceu, elas *geram* mais sentimentos negativos e *recebem* de volta mais circunstâncias negativas. Acabam aprisionadas num ciclo criado pelos próprios sentimentos. Sua vida gira continuamente em círculos como um hamster numa roda, porque essas pessoas não sabem que, para mudar, precisam mudar a frequência de seu sentimento!

"O importante não é o que acontece com você, mas como você reage a isso."

Epicteto (55–135)
FILÓSOFO GREGO

Se você não tem dinheiro suficiente, naturalmente não se sente bem quando o assunto são finanças. Só que sua situação financeira nunca vai mudar enquanto você não se sentir bem em relação a isso. Se você emite sentimentos negativos sobre dinheiro, está numa frequência negativa, portanto vai receber de volta circunstâncias negativas, como contas altíssimas ou prejuízo, que deixam você com ainda menos recursos. Quando você reage com sentimentos negativos a uma conta muito alta, gera ainda mais sentimentos negativos em relação a dinheiro, o que atrai mais circunstâncias negativas, que acabam esvaziando ainda mais a sua conta bancária.

Cada segundo é uma oportunidade de mudar sua vida, porque a cada momento você pode modificar a maneira como se sente. Não importa o que você sentia antes. Não importam os erros que você acha que cometeu. Ao mudar a maneira de sentir, você entra numa nova frequência, a lei da atração responde instantaneamente e o passado vai embora! Quando você muda a maneira como se sente, sua vida inteira muda.

"Não perca um minuto sequer com arrependimentos, porque sentir-se triste pelos erros do passado equivale a se reinfectar."

Neville Goddard (1905–1972)
AUTOR DO NOVO PENSAMENTO

Não Há Desculpas para a Força do Amor

O fato de sua vida não estar repleta de coisas que você ama não significa que você não seja uma pessoa boa e amorosa. O propósito da vida para cada um de nós é superar a negatividade escolhendo o amor. O problema é que a maioria das pessoas ama e deixa de amar centenas de vezes num único dia. Não oferecem amor por tempo o bastante para que a força do amor influencie todas as coisas boas em direção a elas. Pense nisto: num momento, você dá amor por meio de um abraço caloroso na pessoa amada, só que minutos depois você para de dar amor, ao se irritar por não conseguir encontrar suas chaves, por estar preso num engarrafamento ou por não encontrar vaga para estacionar. Você dá amor quando ri junto com um colega de trabalho, mas depois para ao se sentir desapontado porque o local onde costuma almoçar não tem o prato de que você gosta naquele dia. Você dá amor ao se sentir animado para o fim de semana, mas depois para quando chega em casa e recebe as contas do mês, e assim por diante. Ao longo do dia, você dá amor e para de dar amor, dá amor e para, dá amor e para, dá amor e para, um momento após o outro.

Ou você está dando amor e utilizando a força do amor ou não está. Você não pode usar a força do amor para justificar por que não amou. Desculpas sobre por que não amou apenas acrescentam mais negatividade à sua vida. Quando você inventa um pretexto para explicar por que não amou, você está sentindo aquela mesma negatividade outra vez e então volta a transmiti-la!

> *"Guardar raiva é como segurar um carvão em brasa com a intenção de atirá-lo em alguém – é você que se queima."*
>
> Buda Gautama (563–483 A.C.)
>
> FUNDADOR DO BUDISMO

Se você se irrita por causa de um mal-entendido em uma consulta que você marcou e culpa a outra pessoa pela confusão, você está usando a culpa como pretexto para não dar amor. No entanto, a lei da atração recebe apenas o que *você* está dando, então, ao gerar culpa, você receberá de volta outras circunstâncias de culpa em sua vida, não necessariamente por meio da mesma pessoa que você culpou antes. Não há desculpas para a força do amor. Você recebe o que dá – ponto final.

Até as Pequenas Coisas Fazem Diferença

Culpar, criticar, achar defeito em tudo e reclamar são formas de negatividade. Todas elas trazem muito aborrecimento. A cada reclamaçãozinha, a cada crítica que você faz a qualquer coisa, você está dando negatividade à vida. Cada contestação sobre o tempo, o trânsito, o governo, o cônjuge, os filhos, os pais, as filas, a economia, a comida, seu corpo, seu trabalho, os clientes, as empresas, os preços, o barulho ou os serviços parecem coisas pequenas e inofensivas, mas trazem de volta toda uma gama de negatividade à sua vida.

Elimine do seu vocabulário palavras como *terrível*, *horrível*, *nojento*, *péssimo*. Quando você as diz, elas vêm acompanhadas de sentimentos fortes. Ao declará-las, essas palavras retornarão para você, de modo que você está colocando esses rótulos em sua vida! Não acha que seria uma boa ideia pronunciar mais palavras como *fantástico*, *espetacular*, *incrível*, *brilhante* e *maravilhoso*?

Você pode ter tudo que ama e deseja, mas precisa se harmonizar com o amor. Isso significa que não há desculpa para não dar amor. Justificativas impedem você de receber tudo o que quer. Impedem que você tenha uma vida maravilhosa.

"Tudo que mandamos para a vida dos outros retorna para a nossa."

Edwin Markham (1852–1940)
Poeta

Você não percebe que há uma conexão, por exemplo, entre o momento em que se queixou a um vendedor de loja e, horas depois, atendeu ao telefonema do vizinho reclamando que seu cachorro está latindo demais. Você não relaciona os acontecimentos quando encontra um amigo no almoço e fala mal de um conhecido em comum e, ao voltar para o escritório, descobre um problemão com a conta de seu principal cliente. Não associa uma coisa a outra quando sua conversa no jantar é sobre algo muito negativo no noticiário e mais tarde, naquela noite, você não consegue dormir porque está passando mal do estômago.

Você não relaciona os fatos quando é gentil com alguém na rua e 10 minutos depois consegue uma vaga bem na porta do supermercado. Você não associa uma coisa a outra quando ajuda seu filho no dever de casa com alegria e no dia seguinte recebe a notícia de que sua restituição do imposto de renda será maior do que você esperava. Você não relaciona os acontecimentos quando faz um favor a um amigo e, naquela mesma semana, seu chefe lhe dá dois ingressos para um jogo que você queria muito ver no estádio. A cada circunstância e momento da sua vida, você recebe o que deu, mesmo que não se dê conta disso.

"Nada vem de fora. Todas as coisas vêm de dentro."

Neville Goddard (1905–1972)

AUTOR DO NOVO PENSAMENTO

Momento Crítico

Se você dá mais de 50% de pensamentos e sentimentos positivos em vez de negativos, chegou ao momento crítico. Ainda que dê apenas 51% de bons sentimentos e pensamentos, você já fez a balança da vida pender a seu favor! Explico o porquê.

Quando você dá amor, recebe de volta circunstâncias positivas que você ama. Além disso, à medida que elas retornam, vão adicionando ainda *mais* amor e positividade à sua vida! Essa nova positividade, por sua vez, atrai mais coisas positivas, acrescentando ainda *mais* amor e positividade, e assim por diante. Tudo é magnético e, a partir do momento em que algo de bom chega até você, isso magneticamente atrai ainda mais coisas boas.

Você pode ter pensado nisso quando achou que estava passando por "uma boa fase" ou em uma "maré de sorte", quando uma coisa boa atrás da outra acontecia em sua vida. A única razão para isso foi que você deu mais amor do que negatividade e, à medida que a positividade retornava, adicionava ainda mais amor à sua vida, o que, por sua vez, atraía ainda mais coisas boas.

Você também pode ter vivenciado o contrário, quando tudo deu errado. Isso aconteceu porque você deu mais negatividade do que amor e, à medida que a negatividade retornava, adicionava ainda mais negatividade à sua vida, o que, por sua vez, atraía ainda mais coisas negativas. Você pode ter chamado essa época de "má sorte" ou "inferno astral", mas não tinha nada a ver com uma coisa nem outra. A lei da atração estava funcionando perfeitamente em sua vida e aquelas épocas, boas ou ruins, eram apenas um reflexo da percentagem de amor ou negatividade que você estava dando. As suas fases de "sorte" ou "azar" só mudaram porque, em algum momento, você fez a balança pender para o outro lado com os seus sentimentos.

> *"É assim que você poderá levar uma vida encantadora e estar protegido para sempre de todo o mal; é assim que você poderá se tornar uma força positiva, por meio da qual condições de opulência e harmonia possam ser atraídas por você."*
>
> Charles Haanel (1866–1949)
>
> AUTOR DO NOVO PENSAMENTO

Para mudar sua vida, tudo o que você precisa fazer é mudar os pesos da balança, dando ao menos 51% de amor por meio de seus pensamentos e sentimentos bons. Ao atingir o

ponto crítico de dar mais amor do que negatividade, o amor que retornará a você vai se multiplicar, atraindo mais amor por meio da lei da atração. De repente, você vai experimentar uma aceleração e multiplicação de coisas boas! Em vez de mais coisas negativas voltando e se multiplicando, você terá mais coisas boas retornando e se multiplicando em cada área da sua vida. É assim que deve ser.

Ao acordar todas as manhãs, você está com a balança equilibrada. Pendendo para um lado, a balança lhe dará um dia repleto de coisas boas; para o outro, um dia cheio de problemas. Você é quem determina como será o seu dia – pela forma como se sente! O que sente é o que você dá e, com certeza, é exatamente o que vai receber de volta naquele dia, de todos os lados, aonde quer que vá.

Se você acorda se sentindo feliz, mantenha esse sentimento e seu dia será ótimo. Mas se já levantar de mau humor e não fizer nada para mudar isso, seu dia não será nada bom.

Um dia de bons sentimentos não só muda o que acontece hoje, como também o amanhã e a vida toda! Contanto que preserve os bons sentimentos e vá dormir se sentindo bem, você já começa o dia seguinte de forma favorável a continuar com sentimentos bons. E, ao continuar se sentindo bem o máximo que puder, seus sentimentos bons continuarão a se multiplicar pela lei da atração, e esse ciclo se repetirá dia após dia, tornando sua vida cada vez melhor.

> *"Viva o presente. Não o passado. Não o futuro. Apenas o hoje. Habite seus momentos. Não os alugue para o amanhã."*
>
> Jerry Spinelli (1941–)
>
> AUTOR DE LIVROS INFANTIS

Muitas pessoas não vivem o presente. Estão completamente consumidas pelo futuro, mas é a forma como vivemos *hoje* que cria nosso futuro. O que importa é como você se sente *hoje*, porque esta é a única coisa que vai determinar o seu futuro. Todo dia é uma oportunidade para uma vida nova, porque a cada dia você se encontra num ponto crítico. E a qualquer momento você pode mudar o futuro – por meio da forma como se sente. Quando você fizer a balança pender para os sentimentos bons, a força do amor mudará sua vida tão rápido que você nem conseguirá acreditar.

RESUMINDO O PODER

- *Tudo no universo é magnético e tudo tem uma frequência magnética, incluindo seus pensamentos e sentimentos.*

- *Tudo que você sente, seja bom ou ruim, determina sua frequência, e você atrai pessoas, acontecimentos e circunstâncias que estão na mesma frequência.*

- *Mude sua frequência a qualquer momento, modificando a forma como você se sente, e tudo à sua volta vai mudar também, pois você está numa nova frequência.*

- *Se algo negativo aconteceu em sua vida, você pode mudar isso. Nunca é tarde demais, porque você sempre pode modificar a maneira como se sente.*

- *Muitas pessoas colocam seus sentimentos no piloto automático; os sentimentos são apenas reações ao que acontece a elas. No entanto, não percebem que seus sentimentos são justamente a causa do que lhes acontece.*

- *Para mudar qualquer coisa – seja a situação financeira, a saúde, os relacionamentos ou qualquer outra área da sua vida –, você precisa mudar a maneira como se sente!*

- *Culpar, criticar, procurar defeito em tudo e reclamar são formas de negatividade. Tudo isso só traz de volta a você novos aborrecimentos.*

- *Elimine do seu vocabulário palavras como terrível, horrível, nojento, péssimo. Use mais palavras como fantástico, espetacular, incrível, brilhante e maravilhoso.*

- *Mesmo que você dê apenas 51% de pensamentos e sentimentos bons, você já fez a balança da vida pender para o lado positivo!*

- *Todo dia, há uma oportunidade para uma vida nova. A cada momento, você se encontra num ponto crítico em sua vida. Um dia, você pode mudar seu futuro – por meio da forma como se sente.*

O PODER E A CRIAÇÃO

"Todos os momentos da sua vida são infinitamente criativos, e não há limites para a abundância do universo. Basta fazer um pedido claro e tudo que seu coração deseja chegará até você."

Shakti Gawain (1948–)

AUTORA

Nos capítulos seguintes, você vai aprender como é fácil utilizar a força do amor para melhorar suas finanças, saúde, carreira, negócios e relacionamentos. Com esse conhecimento, você será capaz de mudar sua vida da maneira que bem entender.

A fim de trazer um desejo específico para si, siga os passos simples do Processo de Criação. Seja para atrair algo que você quer ou mudar algo que não quer, o processo é sempre o mesmo.

O Processo de Criação

Imagine. Sinta. Receba.

1. IMAGINE

Use sua mente para se concentrar e imaginar o que você deseja. Imagine-se *estando* com seu desejo. Imagine-se *fazendo* coisas com aquilo que deseja. Imagine-se *tendo* o que você deseja.

2. SINTA

Ao mesmo tempo que imagina, você deve *sentir* amor pelo que está imaginando. Deve imaginar e *sentir* que está com seu desejo. Imaginar e sentir que está fazendo coisas com o que você deseja. Imaginar e *sentir* que tem aquilo que deseja.

Sua imaginação o conecta com aquilo que quer. Seu desejo e seus sentimentos de amor criam o magnetismo, a força que atrai seu desejo a você. Isso completa a sua parte no Processo de Criação.

3. RECEBA

A força do amor vai agir por meio das forças visíveis e invisíveis da natureza para trazer seu desejo até você. Essa força vai usar circunstâncias, eventos e pessoas para lhe dar o que você ama.

Seja qual for o seu desejo, você deve almejá-lo de todo o coração. Desejar é amar e, a menos que tenha um desejo ardente em seu coração, não terá poder suficiente para usar a força do amor. Você deve desejar muito o que quer, como um atleta deseja praticar esporte, um dançarino deseja dançar e um pintor deseja pintar. Você deve desejar o que quer de todo o coração, porque o desejo é um sentimento de amor e você deve dar amor para receber o que ama!

Não importa o que você queira ser, fazer ou ter em sua vida, o Processo de Criação é sempre o mesmo. Dar amor para receber amor. Imaginar. Sentir. Receber.

Ao usar o Processo de Criação, imagine e sinta que você já tem o que quer e nunca se desvie desse estado de espírito. Por quê? Porque a lei da atração copia tudo o que você dá, então você deve imaginar e sentir que tem aquilo agora!

Se você quer emagrecer, então dê amor imaginando e sentindo que já tem o corpo que gostaria, em vez de imaginar e sentir o tempo todo que está acima do peso. Se quer viajar, então dê amor imaginando e sentindo que está viajando, em vez de imaginar todos os dias que você não tem dinheiro para isso. Se você quer melhorar seu desempenho em algum esporte, no teatro, no canto, num instrumento musical, num hobby ou em seu trabalho, então dê amor para aquilo que deseja ser, imaginando e sentindo que você já é como gostaria. Se quer melhorar seu casamento ou sua relação com alguém, então dê amor, imaginando e sentindo como seria ter esse relacionamento.

*"Ter fé é acreditar naquilo que você não vê;
a recompensa por essa fé é ver aquilo em que
você acredita."*

Santo Agostinho de Hipona (354–430)
TEÓLOGO E BISPO

Ao começar a trabalhar com o Processo de Criação, tente atrair algo incomum. Quando você atrai especificamente algo incomum, não duvidará do seu poder ao receber o que queria.

Uma jovem começou escolhendo atrair uma flor específica: o copo-de-leite branco. Imaginou-se segurando a flor, cheirando-a e sentindo-a em sua mão. Duas semanas depois, ela foi jantar na casa de uma amiga e, no centro da mesa, havia um buquê de copos-de-leite brancos – a mesma flor que tinha imaginado. Ela ficou exultante ao ver as flores, mas não contou nada à sua amiga. Ao fim da noite, quando estava indo embora, a filha da amiga espontaneamente pegou uma das flores do vaso e lhe entregou!

"Imaginar é o princípio da criação. Imaginamos o que desejamos, queremos o que imaginamos e, por fim, criamos o que queremos."

George Bernard Shaw (1856–1950)
DRAMATURGO VENCEDOR DO PRÊMIO NOBEL

Dê para Receber

Lembre-se de que, segundo a lei da atração, tudo que você dá, você recebe. Pense na lei da atração como um espelho, um eco, um bumerangue ou uma máquina de xerox, isso vai ajudá-lo na hora de imaginar e sentir. A lei da atração é como um espelho porque reflete com exatidão o que está à sua frente. É como um eco porque tudo que você apresenta é exatamente o eco que retorna. É como um bumerangue, porque qualquer coisa que você atire voltará para você. A lei da atração é como uma fotocopiadora, porque tudo que você dá é reproduzido de forma idêntica e você recebe de volta uma cópia exata daquilo.

Há alguns anos, eu estava em Paris a trabalho e, ao caminhar pela rua, uma moça passou apressada ao meu lado vestindo uma das saias mais bonitas que eu já tinha visto, com detalhes sofisticados, num estilo bem parisiense. Minha reação foi amor: "Que saia linda!"

Poucas semanas depois, eu dirigia a caminho do trabalho, em Melbourne, na Austrália, quando fui forçada a parar porque outro motorista queria fazer um retorno ilegal num cruzamento. Ao olhar a vitrine de uma loja ao lado de onde eu estava, vi a mesmíssima saia que a moça francesa vestia nas ruas de Paris. Eu mal pude acreditar. Quando cheguei ao escritório, liguei para a loja e eles me disseram que tinha vindo apenas uma saia da Europa naquele modelo – justamente a que estava na vitrine. Ainda por cima era do meu tamanho. Fui à loja para comprá-la e soube que estava em promoção, por metade do preço. A vendedora me contou que eles não tinham encomendado aquele modelo: a saia simplesmente viera por engano no meio das outras roupas que eles haviam pedido!

A única coisa que fiz para atrair aquela saia foi amá-la e, de Paris até uma rua do subúrbio da Austrália, por meio de circunstâncias e acontecimentos, a mesmíssima saia foi entregue a mim. Esse é o poder magnético do amor! Essa é a lei de atração do amor em ação.

Imaginação

"O mundo nada mais é que uma tela em branco para a imaginação."

Henry David Thoreau (1817–1862)

AUTOR TRANSCENDENTALISTA

Quando você imagina algo positivo que deseja e ama, você está usando a força do amor. Ao imaginar algo positivo, bom, e sentir amor por isso, significa que você está dando esse algo – e é isso que vai receber. Se você pode imaginar e sentir, também pode receber. Mas o que você está imaginando precisa vir do amor!

Você não deve imaginar algo que faça mal a outra pessoa. Imaginar algo que prejudique o outro não vem do amor, vem da falta de amor. Com certeza qualquer negatividade, mesmo imaginada, voltará com igual ferocidade à pessoa que a enviou! Tudo que você dá, *você* recebe de volta.

Quero contar algo fantástico sobre a força do amor e a sua imaginação. A maior e melhor coisa que você acha possível acontecer não é nada em comparação com o que a força do amor pode lhe dar. O amor não tem limites! Se você quer ser cheio de vitalidade e feliz, com uma vontade incrível de viver, a força do amor pode lhe proporcionar saúde e felicidade em níveis muito maiores do que você já viu. Estou dizendo isso para que você comece a superar as barreiras da sua imaginação e pare de colocar limites na sua vida. Impulsione sua imaginação ao máximo e imagine o melhor e maior que você puder, seja o que for.

A diferença entre alguém que vive com dificuldades e uma pessoa com uma vida fabulosa se resume a uma coisa: amor. Aqueles que têm uma vida maravilhosa imaginam o que amam e querem, *sentem* o amor daquilo que estão imaginando mais do que as outras pessoas! Aqueles que vivem com dificuldades usam, sem saber, a imaginação para aquilo que não amam e não querem e estão *sentindo* a negatividade do que imaginam. É algo tão simples, mas que faz uma diferença enorme na vida das pessoas. E você pode ver essa diferença em todo lugar.

> *"O segredo da mente poderosa está inteiramente no uso da imaginação."*
>
> Christian D. Larson (1874–1962)
>
> AUTOR DO NOVO PENSAMENTO

A História prova que aqueles que ousam imaginar o impossível são os que superam todas as limitações humanas. Em todas as áreas de desenvolvimento, seja na ciência, na medicina, nos esportes, nas artes ou na tecnologia, os nomes das pessoas que imaginaram o impossível ficaram registrados. Ao romperem os limites da imaginação, eles mudaram o mundo.

Sua vida inteira é o que você imaginou que seria. Tudo o que tem e o que não tem, cada situação e circunstância. O problema é que muitas pessoas imaginam o pior! Elas voltam a ferramenta mais poderosa contra si próprias. Em vez de imaginarem o melhor, muitas pessoas ficam com medo e imaginam tudo que pode dar errado. E, assim como imaginam e sentem essas coisas ruins, sem dúvida elas acontecem. Tudo que você dá, você recebe. Sinta e imagine o melhor e

mais alto que você puder em cada área da sua vida, porque o melhor que puder imaginar é "mamão com açúcar" para a força do amor!

Quando minha família se mudou para os Estados Unidos, mandamos trazer de avião nosso cachorro de 15 anos, Cabbie, para morar conosco. Uma noite, pouco depois de chegar, Cabbie fugiu por uma pequena fresta na cerca do jardim. Nossa casa dá para uma montanha, então era uma situação longe da ideal. No escuro, procuramos nosso cachorro pelas ruas e trilhas que subiam o morro, mas não conseguíamos encontrá-lo.

Enquanto minha filha e eu chamávamos por ele, os sentimentos negativos de angústia começaram a crescer. Eu sabia que precisávamos parar de procurar e mudar imediatamente a forma como estávamos nos sentindo. Os sentimentos negativos alertavam que estávamos imaginando o pior, por isso tínhamos que imaginar o melhor. Naquele momento, tudo ainda era possível, e precisávamos escolher o desfecho de ter Cabbie são e salvo em casa conosco, ao imaginar e sentir que ele já estava ali.

Então voltamos para casa e agimos como se o cachorro tivesse aparecido. Colocamos comida em sua tigela. Imaginamos escutar o sininho da coleira dele enquanto caminhava pelo corredor de casa. Conversamos com ele, chamamos seu nome, como se estivesse ali. Minha filha foi se deitar imaginando que seu melhor amigo dos últimos 15 anos dormia ao lado da cama dela, como sempre fazia.

Na manhã seguinte, vimos um cartaz numa árvore, próximo ao pé da montanha, dizendo que alguém havia encontrado um cachorrinho. Era Cabbie. Assim como havíamos imaginado, nosso cachorro voltou para casa são e salvo.

Não importa o desafio que você possa encontrar, imagine o melhor resultado possível e sinta-o! Ao fazer isso, você muda as circunstâncias e transforma a situação no que você deseja!

Tudo Que Você Pode Imaginar Existe

"A criação é apenas a projeção, numa forma, daquilo que já existe."

Srimad Bhagavatam (SÉCULO IX)

TEXTO HINDU MILENAR

Qualquer desejo que puder imaginar – já existe! Não importa o que seja, se você pode imaginar, isso já existe na criação.

Escrituras antigas registraram que toda a criação estava completa e que tudo que poderia ter sido criado já existia. Hoje, 5 mil anos depois, a física quântica confirma que tudo e qualquer coisa na verdade existe *agora*.

"Assim foram concluídos os céus e a terra, e tudo o que neles há."

Bíblia

GÊNESIS 2:1

Isso significa que tudo que puder imaginar para si já existe. É impossível que você imagine algo que não exista. A criação está completa. Todas as possibilidades existem. Então, quando imaginar que está quebrando um recorde mundial, viajando para o Extremo Oriente, esbanjando saúde ou tendo um filho, a possibilidade de você fazer essas coisas já existe na criação! Se não existissem, você não seria capaz de imaginá-las! Para atrair as coisas que você deseja e ama do invisível para a vida visível, tudo o que deve fazer é dar amor para o que você quer, por meio da imaginação e dos sentimentos.

Imagine sua vida exatamente como quer que seja. Imagine tudo o que quiser. Leve a imaginação com você todos os dias e *imagine* como seria *se* todos os seus relacionamentos fossem maravilhosos. *Imagine* como se sentiria *se* sua carreira decolasse de repente. *Imagine* como a vida seria *se* você tivesse o dinheiro de que precisa para fazer o que ama. *Imagine* como iria se sentir *se* estivesse muito bem de saúde. *Imagine* como se sentiria *se* pudesse fazer aquilo que gostaria. Use todos os seus sentidos para imaginar o que quer. Se é viajar para a Itália, imagine o cheiro de azeite, sinta o gosto da massa, ouça alguém falando em italiano, toque uma pedra do Coliseu e *sinta-se* na Itália!

Em conversas e pensamentos, diga "*Imagine...*" e complete a frase com aquilo que você deseja! Se estiver conversando com um amigo que reclama porque um colega foi promovido e ele não, ajude-o dizendo: "Imagine que você não ganhou a promoção porque você será promovido para um cargo ainda mais importante, para ganhar muito mais dinheiro!" A verdade é que a possibilidade de seu amigo ser promovido para um cargo ainda mais alto, ganhando muito mais, já existe; e se ele pode imaginar e sentir essa promoção, pode recebê-la!

> *"Átomos ou partículas elementares em si não são reais; elas formam mais um mundo de potencialidades ou possibilidades do que de coisas ou fatos."*
>
> Werner Heisenberg (1901–1976)
>
> FÍSICO E VENCEDOR DO PRÊMIO NOBEL PELA CRIAÇÃO DA MECÂNICA QUÂNTICA

Use a imaginação e crie jogos para se sentir bem. Tudo que puder imaginar está esperando por você, inteiramente criado no invisível, e a maneira de tornar isso visível é usando a força do amor, imaginando e sentindo o que você ama.

Após se formar, uma jovem estava batalhando havia meses sem sucesso para conseguir um emprego. Seu maior obstáculo era imaginar-se empregada. Escrevia em seu diário todos os dias que era grata pelo trabalho que estava vindo para ela, mas, mesmo assim, nada apareceu. De repente, ela entendeu o problema. Suas ações desesperadas ao se candidatar para vários empregos estavam dizendo alto e bom som para a lei da atração que ela não tinha um trabalho.

Foi então que essa jovem mudou tudo. Decidiu usar a imaginação e viver como se já estivesse empregada. Colocava o alarme para tocar de manhã cedo, como se fosse trabalhar. Em vez de registrar no diário que era grata pelo emprego que viria, ela escrevia que era grata pelo sucesso no trabalho e pelos ótimos colegas. Escolhia as roupas que vestiria no dia seguinte para ir ao escritório. Abriu uma conta no banco para que seus salários fossem depositados. Em duas semanas, ela já se sentia como se tivesse mesmo um trabalho. Então, de uma hora para outra, um amigo a avisou sobre uma vaga. Ela foi à entrevista, conseguiu o emprego e recebeu todas as coisas que havia descrito em seu diário.

Monte o Próprio Cenário

> *"Sempre que você se permite pensar no que as pessoas, coisas, condições ou circunstâncias podem sugerir, você não está seguindo o que gostaria de pensar. Você não está seguindo os próprios desejos, e sim os desejos dos outros. Use a imaginação para determinar o que você quer pensar ou fazer."*

Christian D. Larson (1874–1962)

AUTOR DO NOVO PENSAMENTO

Ao usar o Processo de Criação, monte o cenário para gerar o sentimento de que já tem o que quer. Cerque-se de itens de vestuário, quadros, fotos e objetos relevantes, a fim de que consiga imaginar e sentir que tem o que quer.

Se você deseja roupas novas, abra espaço em seu guarda-roupa, com cabides livres para pendurá-las. Se quer mais dinheiro, abra espaço para as notas na sua carteira. Ou está lotada de pedaços de papel que não servem para nada? Se você quer o parceiro ideal, imagine e sinta que aquela pessoa está com você agora. Você está dormindo no meio da cama ou em um dos lados, levando em conta que seu parceiro está ocupando o outro? Se seu parceiro estivesse com você agora, você ocuparia somente metade do armário, porque as roupas dele estariam na outra metade. Você serve a mesa do jantar para uma pessoa ou duas? Colocar outro par de talheres e outro prato na mesa é algo fácil de fazer. No dia a dia, faça todo o possível para não contradizer seu desejo. Use todo tipo de objetos e cenários à sua volta para sentir como se já tivesse o que quer. São coisas simples que você pode fazer com objetos e com sua imaginação, mas que também são incrivelmente poderosas.

Uma mulher usou objetos e a imaginação para receber um cavalo. Ela desejou ter um cavalo a vida toda, mas não tinha dinheiro para comprar um. Queria especificamente um capão Morgan castanho, que custava milhares e milhares de dólares. Então imaginou que via um cavalo exatamente assim toda vez que olhava para o quintal pela janela da cozinha. Colocou foto de um cavalo Morgan castanho como proteção de tela do seu laptop. Sempre que tinha oportunidade, ela desenhava o cavalo. Começou a olhar os anúncios de cavalos à venda, mesmo não podendo pagar por eles. Levava os filhos para uma loja e todos experimentavam botas de montaria. Ela olhava as selas também. Comprava as únicas coisas que podia com o dinheiro que tinha, como uma manta de cavalo, uma guia e escovas, e as exibia em casa para admirá-las todos os dias. Um tempo depois, ela foi para uma exposição de cavalos em sua cidade. Haveria um sorteio, e o primeiro prêmio era um cavalo capão Morgan castanho – exatamente o que ela vinha imaginando! E, é claro, ela foi sorteada e recebeu seu cavalo!

Seus sentidos também servem de cenário. Use-os para ajudá-lo a sentir que já tem o que quer. Sinta na pele o toque daquilo que você deseja. Prove, cheire, veja e escute!

Um homem trabalhou todos os sentidos para atrair a si mesmo várias ofertas de emprego. Ele tinha se candidatado a 75 vagas em três anos e nunca recebera uma proposta, até que começou a usar a imaginação e os sentidos para se ver no trabalho dos sonhos. Imaginava cada detalhe de seu novo escritório. Tocava as teclas do computador em sua imaginação. Sentia o aroma cítrico do lustra-móveis que haviam usado para polir sua enorme mesa de mogno. Imaginou seus colegas. Deu-lhes nomes e conversava com eles. Fazia reuniões. Até sentia o gosto dos tacos mexicanos na hora do almoço. Sete semanas depois, ele foi chamado para entrevistas de emprego. Em seguida começou a fase das segundas entrevistas.

Então recebeu não apenas uma proposta fantástica, mas duas. Aceitou o trabalho que amou mais: era o emprego dos seus sonhos!

Ao completar a sua parte no Processo de Criação, você já criou o que queria! Não está mais no velho mundo onde você não tinha o que desejava. Agora, você passou para um mundo novo, que contém exatamente o que você quer, mesmo que não possa enxergar ainda. Você vai receber o que mais deseja!

RESUMINDO O PODER

- *Para usar a força do amor em sua vida, a fim de atrair algo que você quer ou mudar algo de que não gosta, o Processo de Criação é sempre o mesmo: Imagine. Sinta. Receba.*

- *Sua imaginação o conecta àquilo que você quer. Seu desejo e seus sentimentos de amor criam o magnetismo, a força capaz de atrair o que deseja até você!*

- *Imagine-se já tendo aquilo que você deseja. Ao mesmo tempo, sinta amor pelo que está imaginando.*

- *Deseje o que você quer de todo o coração, porque o desejo é um sentimento de amor e você deve dar amor para receber o que ama!*

- *Ao imaginar algo positivo que você quer e ama, você está utilizando a força do amor. Impulsione a sua imaginação ao máximo, imagine o melhor e mais alto que você quer alcançar daquilo que deseja.*

- *Qualquer desejo que você possa imaginar já existe! Não importa o que seja: se você pode imaginar, então isso já existe na criação.*

- *Em conversas e pensamentos, diga "Imagine..." e complete a frase com aquilo que você quer!*

- *Use objetos reais, monte o cenário. Cerque-se de itens de vestuário, imagens, fotos e objetos relevantes de modo a imaginar e sentir os sentimentos de já ter o que você deseja.*

- *Seus sentidos também servem de cenário. Use todos eles para sentir que você já tem o que quer. Toque, prove, cheire e ouça o que você deseja!*

- *Ao completar sua parte no Processo de Criação, você passa a viver num mundo novo, que contém exatamente o que você quer, mesmo que não possa ver isso ainda. Saiba que você vai receber o que mais deseja!*

SENTIR
É CRIAR

"Sempre que seu sentimento entrar em conflito com seu desejo, o sentimento será o vencedor."

Neville Goddard (1905–1972)

AUTOR DO NOVO PENSAMENTO

Campos de Sentimentos

Quero que você entenda o que acontece quando você dá amor por meio de seus sentimentos bons, porque de fato é algo magnífico. Seus sentimentos criam um campo magnético que o envolve por inteiro. Todas as pessoas têm um campo magnético ao seu redor; portanto, por onde quer que você vá, seu campo magnético o acompanha. Você pode ter visto algumas imagens antigas mostrando algo parecido – uma aura ou um halo em torno de uma pessoa. Bem, a aura é na verdade um campo eletromagnético, e é por meio do magnetismo do campo que o envolve que você atrai tudo em sua vida. O que determina se seu campo é positivo ou negativo, a qualquer momento, são os seus sentimentos!

Toda vez que você dá amor por meio de seus sentimentos, palavras ou ações, você acrescenta mais amor ao campo ao seu redor. Quanto mais amor você dá, maior e mais poderoso seu campo magnético se torna. Aquilo que estiver no seu campo atrairá coisas para si, portanto quanto mais amor, mais poder você tem para atrair o que ama. Você pode chegar a um nível em que a força magnética de seu campo é tão forte e positiva que, ao ter um lampejo de imaginação e sentimento sobre algo bom, em pouquíssimo tempo, tal coisa aparecerá na sua vida! Esse é o poder incrível que você possui. Esse é o poder fenomenal da força do amor!

> *"Por meio de sua capacidade de pensar e sentir, você tem domínio sobre toda a criação."*
>
> Neville Goddard (1905–1972)
>
> AUTOR DO NOVO PENSAMENTO

Quero compartilhar uma experiência bem simples que aconteceu na minha vida e que demonstra como o amor pode funcionar rápido. Eu amo flores e por isso busco sempre ter flores frescas em casa toda semana, porque elas me fazem feliz. Costumo comprá-las na feira, mas naquela semana estava chovendo e não havia nenhuma barraca vendendo. Minha reação a isso foi que a falta me faria apreciar e amar as flores ainda mais. Em vez de ficar desapontada, escolhi sentir amor, então preenchi meu campo magnético com o amor às flores.

Duas horas depois, recebi uma entrega em casa, um vaso de flores enorme. Do outro lado do mundo, minha irmã havia me enviado as flores mais lindas que você pode imaginar, agradecendo-me por algo que eu tinha feito para ela. Quando você pode dar amor, não importa a circunstância, ela terá que mudar!

Agora você sabe por que é tão importante escolher amar: toda vez que dá amor, você aumenta e multiplica o amor no campo magnético à sua volta. Quanto mais amor você dá no seu dia a dia, maior o seu poder magnético no campo em torno de si, e tudo que você quer cairá a seus pés.

Esta é a mágica em que sua vida vai se tornar quando estiver dando amor. Minha vida não era tão mágica quanto é hoje. Enfrentei muitas dificuldades e obstáculos, mas descobri algo fantástico sobre a vida, e isso é tudo que estou compartilhando com você neste livro. Nada é grande demais para a força do amor. Não há distância longa demais nem obstáculo que o amor não possa superar; o tempo não pode se colocar no seu caminho. Você pode mudar qualquer coisa na sua vida ao utilizar o maior poder do universo, e tudo que precisa fazer é dar amor!

O Ponto da Criação

Talvez você pense que o que você quer é grande demais, mas sua perspectiva é totalmente desproporcional. Quando pensa que algum desejo é grande demais, na verdade você diz para a lei da atração: "Isso é tão difícil de atingir que é provável que leve muito tempo para eu chegar lá." No fim você vai ter razão, porque tudo o que pensa e sente é o que você vai receber. Ao pensar que seu desejo de fato é grande, você cria dificuldades e demora para receber o que quer. Mas não há nada pequeno nem grande demais para a lei da atração, nem mesmo existe o conceito de tempo.

Para ajudá-lo a ganhar uma perspectiva real da criação, por maior que seu desejo possa parecer, pense nele como tendo o tamanho de um ponto! Você pode querer uma casa, um carro, uma viagem, dinheiro, o parceiro perfeito, o emprego dos sonhos ou filhos. Você pode desejar receber uma saúde perfeita. Pode querer passar em provas, ingressar numa determinada universidade, quebrar um recorde mundial, virar presidente, um ator de sucesso, advogado, escritor ou professor. Não importa o que você queira, pense nisso como se tivesse o tamanho de um pontinho, porque para a força do amor o que você quer é *menor* do que um ponto!

"Nossas dúvidas são traidoras e nos fazem perder o que, com frequência, poderíamos ganhar."

William Shakespeare (1564–1616)
DRAMATURGO INGLÊS

Se você sentir que sua fé está fraquejando, basta colocar um pontinho no centro de um grande círculo e, ao lado do ponto, o nome do seu desejo. Olhe quantas vezes quiser para o pontinho dentro do círculo, sabendo que para a força do amor seu desejo *é* do tamanho daquele ponto!

Como Mudar Algo Negativo

Se há algo negativo que você deseja mudar, o processo é o mesmo: dê amor, imaginando e sentindo que você já tem o que quer. Lembre-se de que a negatividade é causada pela falta de amor, então você tem que imaginar o oposto da situação negativa – o oposto é o amor! Por exemplo, se você quer ser curado de uma doença, dê amor para seu corpo se tornar saudável.

Se você está usando o Processo de Criação para modificar algo negativo, não precisa transformar o negativo num positivo. É muito difícil fazer isso e não é assim que a criação funciona. Criar significa fazer surgir algo novo – automaticamente substituindo o velho. Você não deve pensar naquilo que quer mudar. Basta dar amor para o que você quer, e a força do amor vai substituir a negatividade para você.

Se uma pessoa ferida recebe cuidados médicos, mas não está melhorando, significa que imagina e sente os ferimentos mais do que a recuperação total. A maneira de fazer a balança pender para o lado da cura é imaginar e sentir *mais* uma recuperação completa do que a possibilidade de não melhorar. O fato de que você consegue imaginar uma recuperação total significa que ela já existe! O objetivo é impregnar seu campo magnético com sentimentos bons sobre qualquer coisa, tudo que lhe faz se sentir bem. Potencialize o amor em cada área da sua vida. Sinta-se o melhor possível, porque cada momento em que você dá amor traz uma recuperação total.

"Seus sentimentos são o seu deus."

Chanakya (320–275 A.C.)
POLÍTICO E ESCRITOR INDIANO

Independentemente do que você queira mudar – saúde, dinheiro, relacionamentos, qualquer coisa –, o processo é o mesmo! Imagine o que deseja. Imagine e sinta o amor de ter aquilo. Idealize cada cena e situação envolvendo o que você deseja e sinta que tem isso agora. Tente passar sete minutos por dia imaginando e sentindo que você já possui o que quer. Faça isso todos os dias até sentir a presença do seu desejo. Faça isso até saber que seu desejo pertence a você, assim como seu nome. Com determinadas coisas, você chegará a esse estado em apenas um ou dois dias. Com outras, poderá levar mais tempo. Depois, basta continuar vivendo dando o máximo de amor e bons sentimentos que puder, *porque quanto mais você dá, mais rápido recebe o que deseja*.

Depois de ter imaginado e sentido que já tem o que deseja, você está literalmente num mundo novo, com aquilo que imaginou, então não o contradiga explanando que uma determinada ferida não está sarando, porque dessa forma você imagina o pior e volta para o velho mundo. Ao imaginar o pior, é isso que você receberá de volta. Ao imaginar o melhor, é isso que você terá. Se alguém lhe perguntar como anda a sua ferida, você pode responder: "Estou me sentindo 100% de novo e meu corpo está acompanhando." Você também pode dizer: "Foi uma bênção, porque me fez valorizar o meu corpo e a minha saúde mais do que nunca na vida." Ou, se for ousado o bastante, pode dizer: "Eu lutei pela minha recuperação com unhas e dentes."

Você não pode falar de algo que não quer sem ter sentimentos ruins. É simples assim, mas as pessoas estão tão acostumadas a não se sentirem bem que nem percebem como se sentem mal ao imaginar e falar sobre aquilo de que não gostam. Quando você se torna mais consciente de como está se sentindo e passa a se importar mais, chega a um estágio em que a menor redução em seus sentimentos bons será insuportável. Você vai se acostumar tanto a se sentir bem e se tornar tão consciente dos seus sentimentos que, se eles piorarem um pouquinho, vai logo perceber e voltar imediatamente a se sentir bem. Você nasceu para se sentir bem e ser feliz a maior parte do tempo, porque foi criado para ter uma vida maravilhosa – e não há outra maneira de recebê-la.

"Ainda estou determinada a ser alegre e feliz, em qualquer situação, porque também aprendi por experiência própria que a maior parte de nossa felicidade ou tristeza depende da nossa disposição, e não das nossas circunstâncias."

Martha Washington (1732–1802)

Ex-primeira-dama, esposa de George Washington, primeiro presidente dos Estados Unidos

Como Eliminar Sentimentos Ruins

Você pode mudar qualquer coisa em sua vida transformando a forma como se sente. Quando você muda seu sentimento sobre qualquer coisa, aquilo tem que mudar! Para modificar isso, não tente apenas se livrar dos sentimentos ruins, porque qualquer sentimento ruim nada mais é que falta de amor. Em vez disso, introduza o seu amor! Não tente se livrar da raiva ou da tristeza; a raiva e a tristeza vão embora quando você dá amor. Não há nada a ser tirado de dentro de você. Quando gera amor dentro de você, os sentimentos ruins desaparecem.

Há apenas uma força na vida, e essa força é o amor. Ou você se sente bem porque está repleto de amor ou se sente mal porque está vazio de amor, mas todos os seus sentimentos são graus diferentes de amor.

Pense no amor como se fosse a água dentro de um copo, e o copo, o seu corpo. Quando o copo tem apenas um pouco d'água, está vazio. Não há como mudar o nível da água do copo declarando guerra ao vazio e tentando arrancá-lo dali. O vazio acaba quando se enche o copo de água. Quando você tem sentimentos ruins, está vazio de amor. Então, ao colocar amor dentro de si mesmo, os sentimentos ruins se vão.

Não Resista aos Sentimentos Ruins

Tudo tem seu lugar perfeito na vida, incluindo os sentimentos ruins. Sem eles, você nunca saberia como é se sentir bem. Você apenas sentiria algo indiferente e sem graça o tempo todo, pois não teria com o que comparar os seus sentimentos. Você não saberia como é se sentir feliz de verdade, entusiasmado ou alegre. Só quem passa pela tristeza sabe como é sentir alegria. Você talvez nunca consiga eliminar sentimentos ruins, porque fazem parte da vida e sem eles você não teria sentimentos bons!

Se você se sentir mal por ter sentimentos ruins, apenas dará a eles mais poder. Não só porque eles ficarão ainda piores, mas também porque vai aumentar a negatividade que estará gerando. Agora que você entende que os sentimentos ruins não trazem a vida que você quer, isso vai torná-lo ainda mais cuidadoso para não se deixar dominar por eles. Você está no comando de seus sentimentos agora, então, se houver um sentimento ruim atingindo você, a forma de descarregar essa energia negativa é tentando se alegrar!

> *"Há um mundo interior, um mundo de pensamento, sentimento e poder, de luz e beleza e que, embora invisível, tem forças poderosas."*
>
> Charles Haanel (1866–1949)
>
> AUTOR DO NOVO PENSAMENTO

A vida deve ser divertida! Quando você está se divertindo, você se sente ótimo e recebe coisas maravilhosas! Quando leva a vida muito a sério, você recebe coisas sérias. Divertir-se atrai a vida que você quer, enquanto levar as coisas a sério demais traz uma vida que exige ser levada a sério. Você tem poder e pode usá-lo para criar a vida da maneira que quiser. Mas, para seu próprio bem, torne-a mais leve!

Para me livrar dos sentimentos ruins, eu os imagino na forma de cavalos selvagens. Há o cavalo raivoso, o cavalo ressentido, o que culpa os outros, o emburrado, o mal-humorado, o resmungão, o de pavio curto e assim por diante. Há um estábulo cheio de cavalos de maus sentimentos. Se eu me sentir desapontada com algo que aconteceu, digo a mim mesma: "Por que você montou no cavalo da decepção? Desça dele agora, porque está cavalgando na direção de *mais* decepções." Então imagino os maus sentimentos como cavalos selvagens nos quais montei; e da mesma forma que montei, posso desmontar deles. Não vejo sentimentos ruins como o verdadeiro eu ou quem quer que seja, porque não é verdade. Sentimentos ruins não são quem você realmente é, nem mais ninguém. Um sentimento ruim é algo que você se permite sentir, e você pode escolher saltar daquele cavalo tão rápido quanto montou nele.

Pensar nos sentimentos ruins como um cavalo selvagem que você montou é uma boa forma de tirar o poder desses sentimentos negativos! Se alguém a seu lado estiver irritado, o sentimento ruim do outro exercerá menos poder sobre você se for capaz de imaginar essa pessoa montada num cavalo bravo. Assim você não se sentirá pessoalmente afetado. No entanto, se você levar mesmo para o lado pessoal e acabar irritado também, então *você* acabou montando no cavalo zangado junto com ele!

> ***"Reaja com inteligência mesmo a um tratamento pouco inteligente."***
>
> Lao-Tsé (POR VOLTA DO SÉCULO VI A.C.)
>
> FUNDADOR DO TAOÍSMO

Com tudo que eu não quero, uso minha imaginação para me divertir e retirar o poder daquilo. Às vezes, pensar em mim mesma ou em outras pessoas montadas em cavalos selvagens em várias situações da vida me faz rir, e é incrível conseguir rir até acabar com um sentimento ruim! Você acaba de transformar a sua vida.

Portanto, se você está se sentindo triste ou chateado, não dê mais poder a seu sentimento ruim recriminando-se por se sentir dessa forma. Fazer isso é como chicotear aquele cavalo bravo, deixando-o num estado ainda mais violento e negativo. A ideia é não odiar os sentimentos ruins, e sim optar de forma consciente pelos sentimentos bons – e escolhê-los com mais frequência. Quando você resiste aos sentimentos ruins, eles aumentam! Quanto mais você pensa que não os quer, mais faz aumentá-los. Quanto mais você resiste, mais a vida traz aquilo de volta para você. Portanto, não fique preocupado quando sentimentos ruins começarem a surgir. Não resista a eles, e sim retire todo o poder que eles têm sobre você.

RESUMINDO O PODER

- *Toda pessoa é cercada por um campo magnético. Para onde quer que vá, o seu campo magnético vai junto com você.*

- *Você atrai tudo pelo magnetismo do seu campo. Seus sentimentos determinam se seu campo é positivo ou negativo a qualquer momento.*

- *Toda vez que você dá amor por meio de seus sentimentos, palavras ou ações, você acrescenta mais amor ao campo à sua volta.*

- *Quanto mais amor houver no seu campo magnético, mais poder você tem para atrair as coisas que ama.*

- *Imagine o que você quer do tamanho de um pontinho! Para a força do amor, aquilo que você quer é menor do que um ponto!*

- *Você não precisa transformar o negativo em positivo. Apenas dê amor para o que você quer, porque a criação do que você deseja substitui a negatividade!*

- *Passe sete minutos por dia imaginando e sentindo que você já possui o que quer. Faça isso até saber que seu desejo pertence a você, assim como sabe que seu nome lhe pertence.*

- *Há apenas uma força na vida e essa força é o amor. Ou você está se sentindo bem porque está cheio de amor ou está se sentindo infeliz porque está vazio de amor – mas todos os seus sentimentos são graus variados de amor.*

- *Para se livrar dos sentimentos ruins, imagine-os como cavalos selvagens que você monta. Se foi capaz de subir neles, também pode descer! Você pode escolher desmontar daquele cavalo tão rápido quanto montou nele.*

- *Mude o que você dá e sempre conseguirá, sem exceção, mudar o que recebe, porque esta é a lei da atração. Esta é a lei do amor.*

A VIDA SEGUE VOCÊ...

"O destino não é uma questão de sorte.
É uma questão de escolha."

William Jennings Bryan (1860–1925)
LÍDER POLÍTICO AMERICANO

A vida *segue* você. Absolutamente tudo que você vive é resultado do que você gera em seus pensamentos e sentimentos, não importando se você tem consciência disso ou não. A vida não acontece *para* você... a vida *segue* você. Seu destino está em suas mãos. Seja o que for que você pense ou sinta, é você quem decide a sua vida.

Tudo na vida lhe é apresentado para que *você* escolha o que ama! A vida é como um catálogo em que você escolhe as coisas de que mais gosta. Mas será que você está escolhendo aquilo de que gosta ou está ocupado demais criticando e rotulando as coisas ruins? Se sua vida está longe de ser maravilhosa, então você sem querer anda rotulando todas as coisas ruins, permitindo que elas o distraiam do verdadeiro propósito da vida. Porque o seu propósito é amar! É ser feliz. É escolher as coisas que ama e se afastar das que não gosta, para que não opte por elas.

Escolha o Que Você Ama

Quando você vê o carro dos seus sonhos passando na rua, a vida está lhe apresentando aquele carro! A maneira como você se sente ao vê-lo é fundamental, porque, se você escolhe sentir um amor imenso por aquele carro, estará aproximando o seu sonho da sua vida. Por outro lado, se sentir inveja da pessoa que está no volante, você acaba de sabotar a possibilidade de ter um igual. A vida lhe apresentou aquele carro para que você pudesse escolher. Você o escolhe, ao sentir amor. Não importa se outra pessoa tem aquilo e você não, percebe? A vida apresenta tudo a você e, ao sentir amor por algo, você atrai a mesma coisa para si também.

Quando vê um casal feliz e muito apaixonado, e você também deseja desesperadamente ter um amor em sua vida, a vida está lhe apresentando o casal feliz a fim de que você escolha. Se você se sentir triste ou solitário ao ver o casal, você apenas gerou negatividade, o que na prática significa "eu quero ficar triste e sozinho". Você tem que dar amor para aquilo que deseja. Quando está acima do peso e, ao caminhar na rua, uma pessoa com um corpo perfeito passa a seu lado, como você se sente? A vida está lhe apresentando um corpo lindo para que você escolha. Então, ao se sentir mal por não ter aquele corpo, você diz: "Eu não quero um corpo como aquele, eu quero o corpo gordo que eu tenho." Se estiver sofrendo de alguma doença, mas estiver cercado de pessoas saudáveis, como você se sente? A vida está lhe apresentando pessoas saudáveis para que você opte por saúde, então quando você sente amor pela saúde à sua volta, mais do que se sente mal pela doença, você estará atraindo a saúde para si.

Quando se sente bem quanto ao que outra pessoa possui, você está atraindo aquilo para si. Quando se sente feliz pelo sucesso de alguém, pela felicidade do próximo ou por tudo de bom que qualquer outra pessoa tenha, você está escolhendo tudo isso do catálogo da vida e está trazendo para perto de si.

Se conhecer alguém com as qualidades que gostaria de ter, ame essas qualidades e se sinta bem por essa pessoa ter tais atributos. Assim, você os atrairá para si próprio. Se alguém é inteligente, bonito ou talentoso, ame essas qualidades e assim as estará escolhendo para *você*!

Se deseja ter filhos e vem tentando há bastante tempo, então dê amor e se sinta bem toda vez que vir alguém com uma criança! Se ficar deprimido ao ver os filhos dos outros porque você não tem um, então estará repelindo a possibilidade de tê-los. A vida lhe apresenta crianças, para que você possa escolher.

Quando estiver praticando um esporte e outro competidor vencer, quando um colega de trabalho lhe contar que ganhou um aumento, quando alguém ganhar na loteria, quando uma amiga lhe revelar que o marido planejou uma viagem surpresa de presente ou que comprou uma bela casa nova ou que o filho dela ganhou uma bolsa de estudos, você deve se sentir tão feliz quanto eles. Você deve se sentir tão entusiasmado e feliz como se aquilo tivesse acontecido com você mesmo, porque assim estará dizendo sim, dando amor e atraindo essas coisas para sua vida!

Ao ver o carro dos seus sonhos, um casal feliz, um corpo perfeito, ótimas qualidades em uma pessoa ou o que for que você deseje, isso significa que você está na mesma frequência que essas coisas! Alegre-se, porque sua alegria estará escolhendo tudo isso para você.

Tudo na vida se apresenta a você a fim de que selecione entre as coisas que ama e as que não ama. Mas só o amor pode lhe trazer aquilo que você quer. O catálogo da vida contém muitas coisas de que você não gosta, portanto não as escolha gerando maus sentimentos. Critique outra pessoa e pense que ela é ruim, e estará trazendo negatividade para si. Sinta inveja ou ciúme de algo que outra pessoa tem e estará trazendo negatividade para si, ao mesmo tempo que se afasta daquilo que mais gostaria de ter, com todas as forças. Somente o amor traz aquilo que você quer para a sua vida!

"Este é o milagre que acontece toda vez aos que amam verdadeiramente: quanto mais dão, mais eles possuem."

Rainer Maria Rilke (1875–1926)

AUTOR E POETA

A Lei de Um Só – Você!

Uma fórmula simples que você pode usar para a lei da atração se aplica a qualquer pessoa, situação ou circunstância. Para a lei da atração, só existe uma pessoa no mundo – você! Não há mais nada nem ninguém. Só você, porque a lei da atração responde aos *seus* sentimentos! A única coisa que importa é o que *você* dá. O mesmo acontece com qualquer outra pessoa. Portanto, na verdade, a lei da atração é a lei de *você*. Só há um você e mais ninguém. Para a lei da atração, a outra pessoa é você e aquela outra pessoa é você, aquelas outras pessoas também são você, porque tudo que você sente quanto a todos os outros, você traz de volta para *si*.

O que você sente a respeito de alguém, o que você pensa ou diz sobre outra pessoa, o que você provoca nos outros – na verdade você está fazendo tudo isso a você mesmo. Julgue e critique, e você estará gerando isso para si. Dê amor e valorize outra pessoa ou objeto, e estará dando amor a si mesmo.
Não há outra pessoa para a lei da atração, portanto não faz diferença se alguém tem o que você quer; quando sente amor por aquilo, você está incluindo esse desejo em *sua* vida! Com relação a tudo que não ama, simplesmente afaste-se sem julgar, assim não vai introduzir isso em sua vida.

Sim É Tudo Que Existe Para a Lei da Atração

Afaste-se das coisas que não ama e não destine qualquer sentimento a elas. Sequer diga *não* às coisas que não ama, porque dizer não atrai essas coisas para você também.
Ao dizer não para as coisas que não quer, você demonstra se sentir mal a respeito delas, dando sentimentos ruins, então vai receber esses sentimentos de volta como circunstâncias negativas em sua vida.

Você não pode dizer não a coisa alguma, porque quando fala "Não, eu não quero isso", você está dizendo *sim* para a lei da atração. Quando você diz "que trânsito horrível", "o serviço aqui é péssimo", "eles sempre se atrasam", "é barulhento demais aqui", "aquele motorista é maluco" ou "estou esperando atendimento há um tempão", você está dizendo *sim* a tudo isso e está introduzindo mais dessas coisas em sua vida.

Afaste-se de tudo que não ama e não dê qualquer sentimento a tais coisas, porque, embora existam, elas não merecem um lugar em sua vida.

"Não veja o mal, não ouça o mal, não fale o mal."

Provérbio Japonês (SÉCULO XVII)

SIMBOLIZADO PELOS TRÊS MACACOS SÁBIOS, NO SANTUÁRIO TOSHOGU

Em vez disso, diga *sim* quando vir algo que ama. Diga *sim* ao ouvir o que ama. Diga *sim* quando provar algo que ama. Diga *sim* quando sentir o cheiro de algo que ama. Diga *sim* quando tocar o que ama. Não importa se você tem aquilo ou não, diga *sim*, porque dessa forma estará atraindo esse desejo para si, ao lhe dar amor.

Não há limites e tudo é possível se você quiser mesmo algo, se desejar de verdade. Não há falta em lugar algum no universo. Quando as pessoas sentem falta de algo, é simplesmente falta de amor. Não há falta de saúde, dinheiro, recursos nem felicidade. A oferta é igual à demanda. Dê amor e você o receberá de volta!

Sua Vida, Sua História

Você está criando a história da sua vida, então o que está contando sobre si mesmo? Você acredita que há coisas que pode e coisas que não pode fazer? É essa a história que está contando sobre si mesmo? Porque não é verdadeira.

Não dê ouvidos se alguém disser que você é inferior. Não dê ouvidos se alguém disser que você é limitado de alguma forma. Não dê ouvidos se alguém disser que você não pode fazer o que ama e ganhar dinheiro com isso. Não dê ouvidos se alguém disser que você não tem tanto valor quanto os melhores seres humanos que já viveram. Não dê ouvidos se alguém disser que você não é bom o bastante agora e ainda precisa provar seu valor na vida. Não dê ouvidos se alguém disser que você não pode ter o que ama ou ser o que ama. Se você acreditar nessas coisas, colocará limites em si mesmo. E o mais importante: isso não é verdade! Não há nada que seja bom demais para você ou bom demais para ser verdade.

A força do amor diz: "Tudo o que der você receberá de volta." Por acaso isso quer dizer que você não é bom o bastante? A força do amor diz: "Dê amor a tudo que você quer ser, fazer ou ter, e você o receberá de volta." Por acaso isso significa que você não é bom o suficiente? Você tem valor e merece tudo isso por ser exatamente quem você é. Você já é bom o bastante. Se acha que fez algo errado, saiba que sua *consciência* e *aceitação* desse fato já servem para absolvê-lo diante da lei da atração.

O Mundo Real

> *"No princípio havia apenas probabilidades. O universo podia vir a existir apenas se alguém o observasse. Não importa que os observadores tenham surgido vários bilhões de anos depois. O universo existe porque somos conscientes dele."*
>
> Martin Rees (1942–)
>
> ASTROFÍSICO

Quero levá-lo aos bastidores do mundo que você vê, porque muito do que você vê não é tão real quanto pensa. Alguns passos ousados em direção ao invisível vão mudar a forma como você enxerga o mundo e libertá-lo para receber uma vida ilimitada.

A maioria das coisas em que você acredita sobre o mundo hoje não é verdade. Você é muito mais do que pensa. A vida e o universo são muito maiores do que você pensa. Talvez você ache que há um número limitado de coisas no mundo. Você pode achar que há uma quantidade limitada de dinheiro, saúde e recursos, mas isso não é verdade. Não há falta de nada. A física quântica revela que há infinitos planetas Terra e universos, e nos movemos de uma realidade de planeta Terra e universo para outra, a cada fração de segundo. Esse é o mundo real emergindo por meio da ciência.

> *"Em nosso universo, estamos sintonizados na frequência que corresponde à realidade física. Mas há um número infinito de realidades paralelas que coexistem conosco sem que possamos sintonizá-las."*
>
> Steven Weinberg (1933–)
>
> Físico e vencedor do Prêmio Nobel

Talvez você pense que falta tempo no mundo real e que, por isso, você precise viver correndo contra o tempo, mas o grande cientista Albert Einstein nos disse que o tempo é uma ilusão.

> *"A distinção entre passado, presente e futuro é apenas uma ilusão teimosa e persistente."*
>
> Albert Einstein (1879–1955)
>
> Físico e vencedor do Prêmio Nobel

Talvez você pense que o mundo real é feito de seres vivos e inanimados. No entanto, no universo *tudo* está vivo e *nada* está morto. As estrelas, o sol, os planetas, a terra, o ar, a água, o fogo e cada objeto que você vê está repleto de vida. Esse é o mundo real que está emergindo.

"Há um sentido na árvore que sente o seu amor e reage a ele. Não responde ou demonstra prazer como nós ou de qualquer outra maneira que possamos compreender hoje."

Prentice Mulford (1834–1891)
AUTOR DO NOVO PENSAMENTO

Talvez você acredite que o mundo real é tudo que é palpável e o que você não vê não é real. No entanto, a cor que você vê ao olhar alguma coisa *não* é de fato a verdadeira. Cada coisa absorve todas as cores que a constituem, mas reflete a cor que não é – e é essa cor que você vê. Então o céu tem na verdade todas as cores, *menos* azul!

Há muitos sons que você não pode ouvir, porque as frequências deles vão além da sua percepção auditiva, mas mesmo assim são reais. Você não pode ver luzes ultravioleta ou infravermelha, porque suas frequências estão acima do que seu olho é capaz de enxergar, mas mesmo assim esses raios existem. Se você imaginar todas as frequências de luz conhecidas com o tamanho do Monte Everest, então tudo o que você pode ver é menor do que uma bola de golfe!

Talvez você acredite que o mundo real é feito de todas as coisas sólidas que podem ser vistas e tocadas. Mas, na verdade, nada é sólido! A cadeira em que você está sentado agora é uma força de energia em movimento, e é formada na maior parte por espaços vazios. Então, será que sua cadeira é mesmo real?

"Um sábio, que reconhece que o mundo é nada além de ilusão, não age como se o mundo fosse real, logo escapa do sofrimento."

Buda Gautama (563–483 A.C.)

FUNDADOR DO BUDISMO

Talvez você acredite que a imaginação é feita apenas de pensamentos e sonhos e não tem poder no mundo real. Um dos obstáculos que impedem os cientistas de provarem que as coisas são verdadeiras ou falsas são suas crenças acerca do empirismo, porque aquilo em que o cientista acredita ou imagina que será o resultado do estudo *afeta* o resultado da experiência. Esse é o poder da imaginação humana e das crenças! Assim como as crenças dos cientistas afetam o resultado de um experimento, as suas crenças também afetam o resultado da sua vida.

Suas crenças, verdadeiras ou não, formam o seu mundo. O que você imagina e *sente* como verdadeiro cria a sua vida, porque isso é o que você está dando para a lei da atração e é o que voltará para você. Sua imaginação é mais real do que o mundo que você vê, porque o mundo que você vê vem do que você imagina e acredita. Aquilo em que você acredita e *sente* como verdadeiro é o que sua vida será. Se você acredita que não pode ter a vida dos seus sonhos, então a lei da atração terá que seguir o que você diz, e esse será o seu mundo real.

"Acreditar nas coisas que você vê e toca não é uma crença de forma alguma; mas acreditar no invisível é um triunfo e uma bênção."

Abraham Lincoln (1809–1865)
16º PRESIDENTE DOS ESTADOS UNIDOS

Uma história de limitação foi passada de geração a geração ao longo da História da humanidade, mas chegou o tempo de contar a verdade.

A História Real

A história real é que você é um ser ilimitado. A história real é que o mundo e o universo são ilimitados. Há mundos e possibilidades que você não pode ver, mas todos eles existem. Você precisa começar a contar uma história diferente! Tem que começar a contar a história da sua vida maravilhosa, porque, seja qual for a história que conte, boa ou ruim, a lei da atração vai assegurar que você vai recebê-la, e essa será a história da sua vida.

Imagine e *sinta* tudo o que quiser e essas serão as imagens que você receberá de volta. Dê amor o máximo que puder e sinta-se o melhor que puder, então a força do amor vai cercá-lo de pessoas, circunstâncias e eventos que você vai amar. Você pode ser o que quiser. Pode fazer o que quiser. Pode ter o que quiser.

O que você ama? O que deseja?

Liberte-se de tudo aquilo de que não gosta e mantenha apenas o que ama. Ao se agarrar às coisas negativas do passado, você continua colocando-as em sua história cada vez que se lembra delas, de modo que voltam às imagens da sua vida – agora!

Liberte-se das coisas que não ama em relação à sua infância e mantenha aquilo que ama. Liberte-se das coisas que não ama em relação à sua adolescência e vida adulta e mantenha o que é bom. Guarde apenas as coisas que você ama ao longo da sua vida. Todas as coisas negativas do passado já se foram; você não é a mesma pessoa que foi naquela época, então por que insiste em reviver esses acontecimentos se eles lhe fazem mal? Você não precisa desenterrar a negatividade do passado. Não a coloque mais em sua história.

"Uma força poderosa, eterna e incompreensível nos impele adiante. Mas, embora o impulso seja para todos nós, muitos ficam paralisados, olhando para trás. Inconscientemente, eles se opõem a essa força."

Prentice Mulford (1834–1891)
AUTOR DO NOVO PENSAMENTO

Se continuar contando a história na qual você é a vítima, essas cenas vão se repetir muitas vezes em sua vida. Se continuar contando uma história em que você não é tão inteligente quanto as outras pessoas, ou atraente ou talentoso, você terá razão, porque essas coisas vão se tornar o retrato da sua vida.

Quando você encher sua vida de amor, vai descobrir que culpa, ressentimento e sentimentos negativos irão embora. Então, começará a contar a maior história de todas, e a força do amor iluminará tudo com as cenas da verdadeira história da sua belíssima vida.

*"O amor é o maior poder na Terra.
Conquista todas as coisas."*

Peace Pilgrim (1908–1981)
NASCIDA MILDRED LISETTE NORMAN, PACIFISTA

RESUMINDO O PODER

- *A vida lhe apresenta tudo para que você possa escolher o que ama!*
- *Se alguém tem algo que você quer, fique tão feliz por isso quanto se você mesmo o tivesse. Ao sentir amor pelas conquistas dos outros, você estará atraindo a mesma coisa para sua vida.*
- *Quando vê as coisas que quer, você está na mesma frequência que elas!*
- *O catálogo da vida contém coisas que você não ama, portanto não as escolha ao gerar sentimentos ruins.*
- *Não dê atenção às coisas que não ama, não dedique a elas nenhum sentimento. Em vez disso, diga sim quando vir algo que ama.*
- *A lei da atração responde aos seus sentimentos! O que você dá é a única coisa que importa. A lei da atração é a lei de você.*
- *Julgue, critique e receberá isso de volta. Dê amor e valorize outra pessoa ou objeto, para receber o mesmo de volta.*
- *Quando as pessoas notam a falta de algo, é simplesmente uma falta de amor.*
- *Você é bom o bastante agora. Se cometeu um erro no passado, sua consciência e aceitação são suficientes para a lei da atração absolvê-lo.*

- *São as suas crenças, reais ou não, que formam o seu mundo.*

- *Sua imaginação é mais real do que o mundo que você vê, porque este mundo visível vem daquilo que você imagina e acredita! Aquilo em que acredita e sente como verdadeiro é o que será a sua vida.*

- *A história que você conta, boa ou ruim, será a história da sua vida. Portanto comece a contar a história da sua vida maravilhosa, e a lei da atração vai assegurar que você receba a vida que deseja.*

AS CHAVES
PARA O PODER

"Suas posses mais preciosas e valiosas e seus maiores poderes são invisíveis e intangíveis. Ninguém pode tirá-los de você. Você, apenas você, pode dá-los. E receberá abundância em retribuição ao que deu."

W. Clement Stone (1902–2002)

AUTOR E EMPRESÁRIO

As Chaves para o Poder são as formas mais poderosas de extrair a força do amor e receber a vida que você merece. São tão simples e fáceis que até uma criança pode usá-las. Cada chave vai abrir portas para o imenso poder que existe dentro de você.

A Chave do Amor

Para usufruir do amor como o poder máximo na sua vida, você deve amar como nunca amou até então. Apaixone-se pela vida! Por mais que você já tenha amado antes, duplique esse sentimento, multiplique-o por 10, por 100, por 1.000, por um milhão, porque esse é o nível de amor que você é capaz de sentir! Não há limites, não há fim, para a quantidade de amor que você pode ter. Todo esse amor está dentro de você! Você é feito de amor. O amor é a substância e a natureza próprias da vida, do universo, de quem você é, e você pode amar muito mais do que jamais amou, e muito mais do que imaginou ser possível.

Quando você se apaixona pela vida, todas as limitações desaparecem. Rompem-se as limitações de dinheiro, saúde, felicidade e alegria em seus relacionamentos. Quando se apaixona pela vida, não há mais resistência, e tudo que ama aparece diante de você quase instantaneamente. Sua presença será sentida ao entrar numa sala. Oportunidades vão surgir por todos os lados, e a seu mais leve toque a negatividade vai se dissolver. Você se sentirá melhor do que jamais imaginou ser possível. Ficará pleno de energia e entusiasmo ilimitados e terá uma sede insaciável de viver. Vai se sentir tão leve quanto uma pena, como se estivesse flutuando no ar, e tudo que ama vai praticamente cair a seus pés. Apaixone-se pela vida, liberte o poder que existe dentro de si e você se tornará ilimitado e invencível!

"Mesmo depois de todo este tempo, o Sol nunca diz à Terra: 'Você me deve.' Veja o que acontece com um amor assim! Ilumina o céu inteiro!"

Hafiz (1315–1390)
Poeta sufi

Então como se apaixonar pela vida? Da mesma forma que alguém se apaixona por uma pessoa: adorando *tudo* a respeito dela! Quando se apaixona por alguém, você vê apenas amor, ouve apenas amor, fala apenas de amor e *sente* amor com todo o seu coração! E é exatamente assim que você faz uso do poder máximo do amor para se apaixonar pela vida.

Seja lá o que estiver fazendo, a qualquer hora do dia, procure pelas coisas que ama. Você pode olhar para a tecnologia e as invenções que adora. Para edifícios, carros e ruas de que gosta, cafés, restaurantes e lojas que frequenta. Caminhe pela rua ou entre numa loja com a intenção de encontrar o máximo de coisas que puder amar. Procure características que você ama em outras pessoas. Busque tudo que ama na natureza: pássaros, árvores, flores, perfumes e cores. Observe o que você ama. Ouça o que você ama. Fale sobre o que você ama.

"Ao saber que tem uma força trabalhando por você, que nunca falhou em nenhum desafio, você pode seguir adiante com absoluta certeza de que ela não vai falhar na sua vez também."

Robert Collier (1885–1950)

AUTOR DO NOVO PENSAMENTO

Pense no que você ama. Converse sobre o que ama. Faça o que ama fazer. Quando está fazendo todas essas coisas você está *sentindo* amor.

Converse sobre o que você ama em sua casa, sua família, seu cônjuge, seus filhos. Fale sobre as coisas que ama em seus amigos. Diga-lhes o que ama em cada um deles. Converse sobre o que ama tocar, cheirar, provar.

Diga à lei da atração o que você ama, todos os dias, enfatizando as coisas que ama e sentindo-as. Imagine quanto amor você pode dar num só dia quando sente que ama.
Ao caminhar, procure o que ama em outras pessoas. Ao olhar as vitrines, busque as coisas que adora. Diga: "eu amo aquela roupa", "amo esses sapatos", "amo a cor dos olhos daquela pessoa", "amo o cabelo dela", "amo o sorriso dele", "amo esses cremes", "amo esse perfume", "amo essa loja", "amo aquela mesa, luminária, sofá, tapete, equipamento de som, casaco, luvas, gravata, chapéu, joia...", "amo o cheiro de verão", "amo as árvores no outono", "amo as flores na primavera", "amo aquela cor", "amo essa rua", "amo essa cidade".

Procure ver aquilo que você ama nas situações, nos acontecimentos, nas circunstâncias e *sinta* tudo isso. "Eu amo receber telefonemas assim", "Amo receber e-mails desse tipo", "Amo receber notícias boas como essa", "Amo essa música", "Amo ver as pessoas felizes", "Amo rir com outras pessoas", "Amo dirigir até o trabalho ouvindo música", "Amo relaxar no trem ou no ônibus", "Amo os festivais da minha cidade", "Amo festas", "Amo a vida". Busque as coisas que ama em todas as áreas que iluminam o seu coração e sinta o amor mais profundo que puder.

Se não estiver se sentindo bem e quiser mudar isso ou se quiser intensificar ainda mais os sentimentos bons, então pare por um minuto ou dois e mentalize uma lista de tudo que ama e adora. Você pode fazer isso enquanto se veste de manhã, enquanto caminha, dirige ou viaja. Embora seja uma atitude tão simples, o efeito disso em sua vida será maravilhoso.

Faça também uma lista por escrito de tudo que você ama, e insisto que pratique esse exercício a cada mês num primeiro momento e depois, a cada três meses. Inclua os lugares, as cidades, os países, as pessoas, as cores, os estilos de roupa, as qualidades das pessoas, as empresas, os serviços, os esportes, os atletas, as músicas, os animais, as flores, as plantas e as árvores que ama. Liste ainda todas as coisas materiais, desde as roupas até casas, móveis, livros, revistas, jornais, carros, eletrodomésticos e também as comidas que ama. Pense em todas as coisas que adora fazer e inclua todas elas, como dançar, praticar um esporte, ir a galerias de arte, concertos, festas, fazer compras. Liste os filmes, os lugares que visitou e os restaurantes que ama.

> *"Quando alguém adentra por completo no campo do amor, o mundo – não importa quão imperfeito – se torna rico e belo, e consiste apenas em oportunidades para amar."*
>
> Soren Aabye Kierkegaard (1813–1855)
>
> FILÓSOFO

Sua tarefa é amar o máximo possível a cada dia. Se for capaz de apenas amar e adorar tudo que puder hoje, procurando e sentindo as coisas que ama, e não dando atenção àquelas que não ama, seus amanhãs vão transbordar de uma felicidade inédita por tudo que deseja e ama.

> *"O amor é a chave mestra que abre os portões da felicidade."*
>
> Oliver Wendell Holmes (1809–1894)
>
> DIRETOR DA ESCOLA DE MEDICINA DE HARVARD

Amar É Ficar Alerta

Você precisa ficar alerta para sentir o amor de tudo à sua volta. Precisa estar consciente de tudo que há para amar, do contrário perderá oportunidades. Você precisa ver as coisas que ama. Ficar alerta para ouvir os sons que ama. Alerta para sentir os belos aromas de flores quando passar por elas. Para sentir de verdade o gosto da sua comida, a riqueza de cada sabor. Se você estiver andando na rua ouvindo apenas os pensamentos em sua cabeça, você deixará passar todas essas coisas. E é isso que acontece com as pessoas o tempo todo. Elas se deixam ficar hipnotizadas ouvindo os pensamentos em sua mente, em uma espécie de transe, sem ter consciência de nada no mundo ao redor.

Já aconteceu de você estar andando e de repente um amigo gritar seu nome e você se assustar, porque não o tinha visto? Ou então vir uma amiga e ter que chamá-la várias vezes, até ela quase levar um susto ao percebê-lo? Ao chamá-la pelo nome, você a acordou, porque ela não estava andando consciente pela rua, mas sim perdida num transe, ouvindo os pensamentos em sua cabeça. Já ocorreu de você estar viajando de carro e de repente olhar pela janela e perceber que está quase chegando a seu destino, mas não se lembra de boa parte do trajeto? Você se deixou hipnotizar ao escutar seus pensamentos e ficou perdido num transe.

A boa notícia é que quanto mais amor der, mais alerta e consciente do momento você vai se tornar! O amor nos deixa completamente alertas. Ao fazer um esforço para perceber o máximo de coisas que você ama a seu redor todos os dias, você vai se tornar mais alerta e consciente.

Como Manter a Mente Concentrada no Amor

> *"Clareza da mente também significa clareza da paixão; é por isso que a mente brilhante e esclarecida ama ardentemente e vê distintamente o que ama."*
>
> Blaise Pascal (1623–1662)
>
> MATEMÁTICO E FILÓSOFO

Para permanecer alerta, faça um truque mental perguntando a si mesmo coisas do tipo: "O que posso ver a meu redor que amo?", "Quantas coisas consigo ver que amo?", "O que mais há aqui que amo?", "O que posso ver que me causa entusiasmo?", "O que consigo ver que me empolga?", "O que posso ver que me apaixona?", "Há mais coisas que posso ver que amo?", "O que posso ouvir que amo?". Quando você faz perguntas a si mesmo, sua mente imediatamente se ocupa em lhe dar respostas. Interrompe outros pensamentos para conseguir respondê-las.

O segredo é perguntar com frequência essas coisas à sua mente. Quanto mais perguntar, mais estará no controle da sua mente, a qual trabalhará a seu favor para fazer o que você deseja que ela faça, em vez de trabalhar contra você.

Sua mente pode disparar como um trem de carga montanha abaixo sem um maquinista se você não se mantiver no controle. Você é o maquinista que conduz a sua mente, portanto assuma o controle dela e a mantenha ocupada dando-lhe instruções e dizendo aonde quer que ela vá. Sua mente só vai disparar sozinha se você não estiver dizendo a ela o que fazer.

> *"A mente se comporta como uma inimiga para aqueles que não a controlam."*
>
> Bhagavad Gita (SÉCULO VI A.C.)
>
> TEXTO HINDU MILENAR

Sua mente é uma ferramenta poderosa e magnífica a ser usada, mas você precisa saber controlá-la. Em vez de se distrair com pensamentos desordenados, faça sua mente ajudá-lo a dar amor. Não é preciso muito tempo para treinar a mente a se concentrar no amor e, uma vez que conseguir isso, veja o que vai acontecer à sua vida!

A Chave da Gratidão

> *"Você não pode exercer muito poder sem gratidão, porque é a gratidão que o mantém conectado ao poder."*
>
> Wallace Wattles (1860–1911)
>
> AUTOR DO NOVO PENSAMENTO

Conheço milhares de pessoas que se encontravam nas piores situações e mudaram suas vidas completamente por meio da gratidão. Sei de milagres que aconteceram a pessoas cujo quadro parecia não haver esperança: regeneração de rins após sua falência, cura de problemas cardíacos graves, restauração da visão, desaparecimento de tumores, crescimento e reconstituição óssea. Sei de relacionamentos destruídos que se tornaram magníficos por meio da gratidão: casamentos arruinados que foram resgatados por completo, parentes que não se falavam e voltaram a se relacionar, pais que mudaram para melhor a relação com filhos pequenos e adolescentes e professores que transformaram seus alunos. Vi pessoas que estavam em absoluta miséria e enriqueceram por meio da gratidão: pessoas que recuperaram empresas falidas, gente que havia tido dificuldades financeiras a vida toda e conseguiu mudar isso e criar abundância. Até um mendigo que conseguiu um emprego e uma casa em uma semana. Sei de casos de depressão que progrediram para vidas felizes e realizadas por meio da gratidão. Pessoas que sofriam de ansiedade e todo tipo de problemas psiquiátricos que recuperaram totalmente a saúde mental por meio da gratidão.

Todos os salvadores do mundo usaram a gratidão, porque sabiam que ela era uma das expressões máximas do amor. Sabiam que, ao serem gratos, estavam vivendo exatamente de acordo com a lei. Por que você acha que Jesus *agradecia* antes de operar cada um de seus milagres?

Sempre que se sente grato, você está *dando* amor. O que você dá, você recebe. Seja dizendo obrigado a uma pessoa ou se sentindo grato por um carro, uma viagem, um pôr do sol, um presente, uma casa nova, um evento animado, você dá amor por tudo isso e recebe de volta mais alegria, mais saúde, mais dinheiro, mais experiências maravilhosas, mais relacionamentos incríveis, mais oportunidades.

Tente fazer isso agora. Pense em algo ou alguém por quem sente gratidão. Você pode escolher a pessoa que ama mais do que qualquer outra no mundo. Concentre-se nela e pense em todas as coisas que ama e que o fazem se sentir grato a respeito dela. Então, mentalmente ou em voz alta, diga a essa pessoa todas as coisas que o fazem se sentir grato, como se ela estivesse ao seu lado. Diga-lhe todas as razões pelas quais você a ama. Você pode lembrar momentos específicos ou situações dizendo: "Lembra aquela vez em que nós..." À medida que fizer isso, sinta a gratidão começar a preencher o seu coração e todo o seu corpo.

O amor que você gerou nesse simples exercício deve e vai retornar a você nesse relacionamento e na sua vida inteira. É fácil dar amor por meio da gratidão.

Albert Einstein foi um dos maiores cientistas que conhecemos. Suas descobertas mudaram por completo a forma como vemos o universo. Quando perguntado sobre suas realizações monumentais, Einstein mencionou apenas a gratidão. Uma das mentes mais brilhantes que já viveu agradecia aos outros pelo que deram a ele – centenas de vezes por dia! Isso significa que, ao menos 100 vezes por dia, Einstein dava amor. Não é à toa que a vida revelou tantos de seus mistérios a Albert Einstein.

"Cem vezes por dia eu me lembro de que minha vida interior e exterior dependem do trabalho de outros homens, vivos e mortos, e que eu devo me esforçar ao máximo para dar na mesma medida em que recebi."

Albert Einstein (1879–1955)

FÍSICO, VENCEDOR DO PRÊMIO NOBEL

Gratidão, a Grande Multiplicadora

Quando você é grato pelas coisas que tem, por menores que sejam, você recebe mais. Se você é grato pelo dinheiro que tem, mesmo que seja pouco, você recebe mais dinheiro. Se é grato por um relacionamento, mesmo que não seja perfeito, o relacionamento melhora. Se for grato pelo emprego que tem, mesmo que não seja o emprego dos seus sonhos, você irá receber oportunidades melhores em seu trabalho. Porque a gratidão é a grande multiplicadora da vida!

"Se a única oração que disser em toda a sua vida for 'muito obrigado', será o bastante."

Mestre Eckhart (1260–1328)

ESCRITOR E TEÓLOGO CRISTÃO

A gratidão começa com uma simples palavra – *obrigado* –, mas você deve se sentir grato de todo o coração. Quanto mais disser *obrigado*, mais vai sentir a gratidão de verdade e mais amor vai dar. Há três formas de usar o poder da gratidão em sua vida, e todas elas é dando amor:

1. *Seja grato por tudo que já recebeu na vida (passado).*

2. *Seja grato por tudo que está recebendo na vida (presente).*

3. *Seja grato pelo que quer na vida, como se já tivesse recebido (futuro).*

Quando não é grato pelo que recebeu nem pelo que está recebendo, você não dá amor e não tem o poder de mudar as atuais circunstâncias. Ao agradecer pelo que recebeu e pelo que continua a receber, isso *multiplica* todas essas coisas. Ao mesmo tempo, a gratidão traz o que você quer! Seja grato pelo que deseja, como se já o tivesse, e a lei de atração dirá que você *tem que* receber isso.

Consegue imaginar como algo tão simples – ser grato – pode multiplicar tudo que você ama e mudar toda a sua vida?

Um homem divorciado, sozinho, deprimido e trabalhando num emprego que odiava decidiu praticar o amor e a gratidão todos os dias para mudar de vida. Ele começou a ser positivo com todos com quem conversava durante o dia. Quando telefonava para velhos amigos e familiares, ele os surpreendia com positividade e alegria. Começou a ser grato por tudo que tinha, até a água corrente que tinha em casa. Eis o que aconteceu depois de quatro meses: tudo que ele odiava no trabalho milagrosamente mudou, e ele passou a amar o emprego. Começou até a viajar a trabalho para lugares que sempre quis conhecer. Hoje tem um excelente relacionamento com sua família, o que não acontecia antes. Terminou de pagar o carro e tem dinheiro para tudo o que quer fazer. Vive dias bons, não importa o que aconteça. E casou-se outra vez – com a primeira namorada, da época de escola!

> *"Gratidão pela abundância que você recebeu é a melhor garantia de que a abundância continuará."*
>
> Maomé (570–632)
>
> FUNDADOR DO ISLAMISMO

Se você praticar um pouco de gratidão, sua vida vai mudar um pouco. Se praticar muito, todos os dias, sua vida vai mudar de uma forma que você nem sequer imagina. A gratidão não só multiplica tudo em sua vida, como também elimina as coisas negativas. Não importa em que situação negativa você se encontre, você *sempre* pode achar algo por que se sentir grato e, ao fazer isso, você utiliza a força do amor, que elimina a negatividade.

A Gratidão É a Ponte para o Amor

"Se estivermos tranquilos e prontos para isso, conseguiremos encontrar compensação em qualquer decepção."

Henry David Thoreau (1817–1862)

AUTOR TRANSCENDENTALISTA

A gratidão tirou minha mãe de um luto muito profundo e a levou para a felicidade. Meus pais se apaixonaram à primeira vista e viveram a história de amor e o casamento mais lindos que já vi. Quando meu pai morreu, minha mãe mergulhou em uma tristeza profunda, por sentir muita falta dele. Mas, em meio ao luto e à dor, ela começou a buscar coisas que a faziam sentir gratidão. Além de ser grata por tudo que recebeu nas décadas de amor e felicidade ao lado do meu pai, ela procurou o que a deixaria grata no futuro. A primeira coisa que ela descobriu que lhe proporcionaria gratidão foi o fato de poder viajar. Era algo que minha mãe sempre quis fazer, mas, quando papai estava vivo, ela não podia, porque ele não gostava. Minha mãe realizou seu sonho: viajou e realizou muitas outras coisas que sempre quis fazer. Gratidão foi a ponte que levou minha mãe a sair do luto profundo para construir uma nova vida de felicidade.

É impossível ficar triste ou ter qualquer sentimento negativo quando você é grato. Se estiver no meio de uma situação difícil, procure algo que lhe dê gratidão. Quando encontrar, então procure outra e mais outra, porque cada coisa que o faz se sentir grato transforma a situação. A gratidão é a ponte entre os sentimentos negativos e a força do amor.

> *"A gratidão é uma vacina, uma antitoxina e um antisséptico."*
>
> John Henry Jowett (1864–1923)
>
> PASTOR PRESBITERIANO E AUTOR

Quando uma coisa boa acontecer a você, agradeça. Não importa que seja algo bem pequeno, diga *obrigado*. Se conseguir a vaga perfeita no estacionamento, se escutar sua música favorita no rádio, se o sinal abrir quando seu carro se aproximar, se encontrar um banco vazio no ônibus ou no trem, diga *obrigado*. Tudo isso são coisas boas que você está recebendo da vida.

Agradeça por seus sentidos: os olhos que veem, os ouvidos que escutam, a boca que sente o gosto, o nariz que cheira e a pele que percebe o toque. Agradeça pelas pernas que o fazem andar; as mãos, que você usa para quase tudo; a voz, que lhe permite se expressar e comunicar-se. Agradeça por seu maravilhoso sistema imunológico, que o mantém saudável ou o cura, e por todos os órgãos, que mantêm seu corpo em perfeito funcionamento permitindo-lhe viver. Agradeça pela magnífica mente que você tem, à qual nenhuma tecnologia de computador no mundo se assemelha. Todo o seu corpo constitui o maior laboratório do planeta e não há nada que chegue perto de reproduzir a sua magnificência. Você é um milagre!

Agradeça por sua casa, sua família, seus amigos, seu trabalho e seus animais de estimação. Agradeça pelo sol, pela água que você bebe, pelo alimento que come, pelo ar que respira – sem eles, você não estaria vivo.

Agradeça pelas árvores, pelos animais, pelos oceanos, pelos pássaros, pelas flores, pelas plantas, pelo céu azul, pelas estrelas, pela lua, por seu lindo planeta.

Agradeça pelo transporte que você usa todos os dias. Agradeça por todas as empresas que oferecem a você serviços essenciais para que você possa ter uma vida confortável. Muitos seres humanos trabalharam duro, suaram, para que você pudesse hoje abrir a torneira e ter água corrente. Muitos seres humanos trabalharam a vida inteira para que hoje você pudesse ligar um interruptor e ter eletricidade em casa. Pense na quantidade de pessoas que se mataram de trabalhar dia após dia, ano após ano, para construir as ferrovias que cruzam o planeta. E é quase impossível imaginar o número de pessoas que fizeram o trabalho pesado de construir as estradas por onde dirigimos e que conecta a vida de pessoas em todos os cantos do mundo.

> *"Na vida comum, dificilmente percebemos que recebemos muito mais do que damos e que é somente com gratidão que a vida se torna rica."*
>
> Dietrich Bonhoeffer (1906–1945)
> PASTOR LUTERANO

Para usar o poder da gratidão, pratique-a. Quanto mais sentir gratidão, mais amor vai *dar*; quanto mais amor você der, mais vai *receber*.

Você agradece por ser saudável? Ou presta atenção em sua saúde apenas quando fica doente ou se machuca?

Você agradece quando tem uma boa noite de sono? Ou nem valoriza isso e só pensa como é bom dormir quando fica sem dormir?

Você é grato por seus entes queridos quando está tudo bem ou apenas conversa sobre o relacionamento de vocês quando têm problemas?

Você é grato pela eletricidade quando usa um eletrodoméstico ou acende uma lâmpada ou apenas pensa nisso quando fica sem luz?

Você agradece por estar vivo todos os dias?

Cada segundo é uma oportunidade de ser grato e multiplicar as coisas que você ama. Eu costumava pensar que era uma pessoa grata, mas não sabia o que era gratidão até começar de fato a praticá-la.

Se estou dirigindo ou caminhando, uso esse tempo para agradecer por tudo em minha vida. Até quando ando da cozinha para o quarto eu agradeço. Com todo o meu coração, digo: "Obrigada por minha vida. Obrigada pela harmonia. Obrigada pela alegria. Obrigada pela saúde que eu tenho. Obrigada pela diversão e animação. Obrigada pela beleza e pelo mistério da vida. Obrigada por tudo de maravilhoso e bom na minha vida."

Seja grato! A gratidão não custa nada, mas vale mais que todas as riquezas no mundo. A gratidão enriquece as pessoas com todos os tesouros do mundo, porque todas as coisas pelas quais somos gratos se multiplicam!

A Chave da Brincadeira

Há uma forma de você se sentir melhor a respeito de qualquer área da sua vida: criando jogos com a imaginação. Brincar é divertido, então você passa a se sentir muito bem.

Num determinado momento, paramos de brincar e nos divertir como fazíamos na infância; o resultado, ao nos tornarmos adultos, é que ficamos muito mais sérios em relação à vida. A seriedade traz circunstâncias sérias. Quando brinca e se diverte, você experimenta uma sensação muito boa e, *voilà*, circunstâncias muito boas chegam à sua vida.

A vida deve ser divertida. Brinque com a lei da atração, invente jogos com a imaginação, porque para a lei da atração não importa se você está imaginando e brincando ou se é real. O que você der em imaginação e sentimento se tornará real!

Como Brincar

"A lei do amor poderia ser mais bem compreendida e aprendida através das crianças."

Mahatma Gandhi (1869–1948)

LÍDER POLÍTICO INDIANO

Como brincar? Da mesma forma que você fazia quando era criança: usando a imaginação para criar jogos de faz de conta.

Vamos supor que você é um ciclista que quer se tornar o melhor do mundo e vencer o Tour de France. Seu treinamento vai bem e você está perto de realizar seu sonho, quando é diagnosticado com uma doença grave, com apenas 40% de chance de sobreviver. Durante o tratamento, você imagina que está pedalando no Tour de France, a corrida mais importante da sua vida. Imagina que a equipe médica são seus treinadores lhe dando conselhos e informações a cada parada. Todo dia você imagina que está competindo para reduzir seu tempo no trajeto e está ficando cada vez melhor! Você vence a corrida com sua equipe médica e se cura da doença.

Um ano depois de recuperar sua saúde, você ganha o Tour de France e vence a competição durante sete anos seguidos, tornando-se o único ciclista na história a conseguir este feito! Foi isso que aconteceu com Lance Armstrong. Ele usou as circunstâncias mais difíceis como cenário para um jogo imaginário e assim realizou o seu sonho.

Digamos que você queira ter o melhor corpo de fisiculturista do mundo e também queira se tornar um ator famoso nos Estados Unidos. Você mora numa cidadezinha na Europa e vem de uma família com dificuldades financeiras, mas ainda assim acredita nos seus sonhos. Você usa a figura de um super-herói como inspiração para esculpir o seu corpo e se imagina ganhando o título europeu de fisiculturismo. Depois de receber o título sete vezes, chega a hora de se tornar um astro do cinema. Você viaja para os Estados Unidos, mas ninguém acredita que você leva jeito como ator e lhe dão vários motivos pelos quais você jamais conseguiria realizar seu sonho. Mas você se imagina um ator famoso e é capaz até de sentir o sucesso, o seu gosto, sabe que isso vai acontecer. Foi isso que Arnold Schwarzenegger fez quando venceu o Mr. Olympia sete vezes e depois se tornou um dos maiores nomes de Hollywood.

Imagine que você queira ser um grande inventor. Durante a infância, sua mente é desafiada ao extremo: você é bombardeado por alucinações e flashes de luz. Você não consegue terminar a universidade e deixa o emprego por causa de um colapso nervoso. Para obter alívio daquelas alucinações incapacitantes, você assume o controle da sua mente ao criar o próprio mundo imaginário. Inspirado pela ideia de um futuro melhor, você direciona sua imaginação para novas invenções. Constrói uma invenção inteira em sua mente; muda a estrutura, faz melhorias e até opera o equipamento, sem ter sequer rascunhado no papel o que imaginou. Você cria um laboratório em sua cabeça e usa a imaginação para verificar se sua invenção funciona bem mesmo após muito tempo de uso, antes de transformar a ideia em um objeto físico. Foi isso que Nikola Tesla fez para se tornar um dos maiores inventores do mundo. Seja o motor de corrente alternada, o rádio, o amplificador, a comunicação sem fio, a luz fluorescente, o raio laser, o controle remoto ou qualquer outra de suas mais de 300 invenções patenteadas, todas elas foram desenvolvidas exatamente assim, pelo poder da imaginação.

> *"A lógica leva você de A até B.*
> *A imaginação leva você a qualquer lugar."*
>
> Albert Einstein (1879–1955)
>
> FÍSICO, VENCEDOR DO PRÊMIO NOBEL

Não importa o que você queira, use a imaginação, crie jogos e brinque. Use todos os objetos e cenários à sua disposição. Se quiser perder peso ou ter um corpo melhor, então crie jogos que o façam sentir como se já tivesse aquele corpo neste exato momento. Você pode se cercar de fotos de corpos bonitos, mas o truque é: você precisa imaginar que um daqueles é o *seu*! Você deve imaginar e sentir que está olhando para o *seu* corpo, e não para o de outra pessoa.

Se você está gordo ou magro demais, como se sentiria se já tivesse o peso ideal ? Você se sentiria diferente do que se sente agora. Tudo em você iria mudar. Você iria andar, falar e fazer as coisas de um jeito diferente. Então comece a andar desse jeito agora! Fale desse jeito! Aja como se já tivesse esse corpo ideal.

Seja lá o que você queira, imagine como se sentiria com aquilo e aja dessa forma na imaginação desde já. Tudo que imagina com sentimento, você dá à lei da atração e recebe de volta.

Lance Armstrong, Arnold Schwarzenegger, Nikola Tesla, todos eles brincaram na imaginação e sentiram seus sonhos de todo o coração. Aquilo que imaginaram se tornou tão real que eles conseguiam *sentir* e saber que iriam se realizar. Não importa que seu sonho pareça estar muito longe de ser alcançado. Está mais perto de você do que qualquer outra coisa na vida, porque todo o poder de trazer esse sonho para a sua vida está dentro de você!

"Tudo é possível àquele que crê."

Jesus (CERCA DE 5 A.C–30 D.C.)

FUNDADOR DO CRISTIANISMO, EM MARCOS 9:23

No futuro, veremos mais e mais descobertas sobre o poder da nossa imaginação. Cientistas já descobriram células especiais, os neurônios-espelho, que ativam as mesmas áreas no cérebro tanto quando você imagina algo como quando você pratica aquela ação. Ou seja, basta fazer de conta e imaginar a experiência que você quer viver e seu cérebro responde imediatamente como se aquilo fosse real.

Se está falando de algo no passado ou no futuro, você está imaginando aquelas coisas agora, está sentindo-as agora, está nessa frequência agora e é isso que a lei da atração está recebendo. Quando imagina seu sonho, a lei da atração o recebe na mesma hora. Lembre-se: o conceito de tempo não existe para a lei da atração. Existe apenas o agora.

Se você está demorando a receber o que quer, é porque está levando mais tempo para se sintonizar na mesma frequência de sentimento em que seu desejo está. Para ficar na mesma frequência, você tem que sentir o amor de ter seu desejo agora! Quando se colocar na mesma frequência de sentimento e permanecer lá, seu desejo vai aparecer na sua vida.

> *"Tudo que você possa querer ou desejar já é seu. Chame seus desejos à existência, imaginando e sentindo a sua vontade realizada."*
>
> Neville Goddard (1905–1972)
>
> Autor do Novo Pensamento

Quando você estiver muito empolgado com alguma coisa que aconteceu e se sentindo extremamente bem, capte essa energia e imagine seu sonho. Rápidos lampejos de imaginação, sentindo seu sonho, são tudo de que você precisa para utilizar o poder de seus sentimentos de empolgação por aquilo que você quer! Isso é brincar. É divertido. É a alegria de criar sua vida.

RESUMINDO O PODER

A Chave do Amor

- *Para usar o amor como o poder máximo na sua vida, você precisa amar como nunca amou antes. Apaixone-se pela vida!*
- *Veja apenas amor, escute apenas amor, fale apenas de amor e sinta amor de todo o coração.*
- *Não há limite nem fim para a quantidade de amor que você pode sentir, e tudo isso está dentro de você! Você é feito de amor.*
- *Diga todos os dias à lei da atração o que você ama, pensando nas coisas que ama e sentindo-as.*
- *Para mudar a maneira como se sente ou para intensificar os sentimentos bons, faça uma lista mental de tudo que você ama e adora!*
- *Seu trabalho é amar o máximo possível todos os dias.*
- *Faça um esforço consciente para notar o maior número de coisas que você ama ao seu redor, o máximo que puder, todos os dias.*

A Chave da Gratidão

- *Sempre que se sente grato, você dá amor.*

- *Seja grato por tudo que recebeu na vida (passado).*
  Seja grato por tudo que está recebendo (presente).
  Seja grato pelo que você quer em sua vida, como se já tivesse recebido isso (futuro).

- *Sua gratidão vai multiplicar tudo em sua vida.*

- *A gratidão é a ponte dos sentimentos negativos para a força do amor!*

- *Para usar o poder da gratidão, pratique-a. Quando algo de bom acontecer a você, agradeça. Não importa que seja algo bem pequeno, diga obrigado.*

- *Quanto mais gratidão sente, mais amor você dá. Quanto mais amor você dá, mais você recebe.*

- *Cada segundo é uma oportunidade para ser grato e multiplicar as coisas que ama.*

A Chave da Brincadeira

- *Quando brinca, você tem sentimentos bons – e circunstâncias muito boas vêm para sua vida. O excesso de seriedade traz circunstâncias sérias.*

- *A vida deve ser divertida!*

- *A lei da atração não sabe que você está imaginando e brincando, portanto tudo que você dá na imaginação e na brincadeira se torna real!*

- *Seja lá o que você deseje, use a imaginação e todo objeto e cenário que encontrar para criar jogos e brincar.*

- *Aja como se já tivesse aquilo que quer agora mesmo! Tudo que imagina com sentimento você dá para a lei da atração; e é o que vai receber de volta.*

- *Se estiver demorando a receber o que quer, a razão é o tempo que você leva para entrar na mesma frequência de sentimento que o seu desejo.*

- *Quando estiver empolgado com algo e se sentindo extremamente bem, capte essa energia e imagine seu sonho.*

O PODER E O DINHEIRO

"A pobreza consiste em se sentir pobre."

Ralph Waldo Emerson (1803–1882)

AUTOR TRANSCENDENTALISTA

Como você se sente quando o assunto é dinheiro? A maioria das pessoas diz que ama, mas, se não tem o bastante, não se sente nada bem em relação a isso. Quando alguém tem recursos financeiros suficientes, é quase certo que se sinta bem. Então é fácil saber como você se sente quanto às finanças, porque se não tem o bastante não se sente bem com relação a isso.

Se você observar o mundo lá fora, verá que a maioria das pessoas não se sente bem em relação a dinheiro, porque a maior parte dos recursos e riquezas do mundo está nas mãos de apenas 10% dos habitantes do planeta. A única diferença entre as pessoas ricas e o restante é que os ricos geram mais sentimentos bons sobre dinheiro do que sentimentos ruins. Simples assim.

Por que tantas pessoas se sentem mal quando o assunto é dinheiro? Não é por nunca terem tido, pois a maioria daqueles que têm dinheiro começou sem nada. É porque têm crenças negativas acerca dele, e tais crenças começaram a ser alimentadas em seu subconsciente ainda na infância. Crenças como "não temos dinheiro para comprar isso", "o dinheiro é do mal", "pessoas ricas são desonestas", "querer dinheiro é errado e não é espiritual", "para ser rico é preciso trabalhar duro".

Uma criança aceita quase tudo que os pais, os professores ou a sociedade dizem a ela. Então, sem perceber, cresce tendo sentimentos negativos acerca de dinheiro. A ironia é que, ao mesmo tempo que enfatizam que é errado querer dinheiro, também afirmam que é preciso ganhar o suficiente para se sustentar, mesmo que isso signifique trabalhar com algo que não você ame. Talvez tenham até lhe dito que há apenas alguns tipos de trabalho que você pode ter para ganhar dinheiro, mas que a lista dessas ocupações é limitada.

Nada disso é verdade. As pessoas que fizeram essas afirmações não têm culpa, porque estão apenas passando adiante o que aprenderam. E como acreditaram nessa falsa ideia sobre dinheiro e sentiam ser a verdade, a lei da atração tornou isso verdade. Agora você está aprendendo que a vida funciona de uma forma totalmente diferente. Se falta dinheiro na sua vida, é porque você está tendo mais sentimentos negativos do que positivos acerca dele.

"Quando perceber que não existe falta de nada,
o mundo inteiro pertencerá a você."

Lao-Tsé (POR VOLTA DO SÉCULO VI A.C.)

FUNDADOR DO TAOISMO

O Amor É um Poder Que Permanece

Eu vim de uma família humilde e meus pais enfrentavam bastante dificuldade para pagar as contas. Então cresci com os mesmos sentimentos negativos em relação a dinheiro que a maioria das pessoas. Mais tarde descobri que precisava mudar a maneira como me sentia sobre isso a fim de que minhas circunstâncias mudassem e sabia que precisava mudar a mim mesma para que o dinheiro não só viesse, mas permanecesse comigo!

Eu podia ver que as pessoas ricas não só atraíam o dinheiro para si, como também faziam com que ele permanecesse com elas. Se você pegasse todo o dinheiro do mundo e distribuísse igualmente a todas as pessoas, dentro de pouco tempo ele voltaria às mãos daquela pequena percentagem, porque a lei da atração segue o amor, então os poucos que se sentem bem acerca de dinheiro o magnetizam de volta para si. A força do amor move todos os recursos e riquezas do mundo, e os move de acordo com a lei da atração.

> *"Este é um princípio eterno e fundamental, inerente a todas as coisas, em todo sistema filosófico, em toda religião e em toda ciência. Não há como escapar da lei do amor."*

Charles Haanel (1866–1949)

AUTOR DO NOVO PENSAMENTO

Você pode ver a lei da atração em ação quando as pessoas ganham na loteria. Elas imaginaram e sentiram com todo o coração que ganhariam. Falaram, planejaram e imaginaram o que fariam *quando* ganhassem, e não *se* ganhassem. E ganharam mesmo! As estatísticas sobre esses ganhadores mostram evidências reais de quanto esse dinheiro permanece com eles ou não. Poucos anos depois de enriquecer, a maioria das pessoas perde tudo e acumula ainda mais dívidas do que tinha antes de receber o prêmio.

Isso acontece porque essas pessoas usaram a lei da atração para ganhar na loteria, mas, mesmo depois de receberem o prêmio, não mudaram a forma como realmente se sentiam acerca do dinheiro e então perderam tudo. O dinheiro não permaneceu com elas!

Quando não se sente bem acerca do dinheiro, você o repele. O dinheiro nunca permanecerá com você. Mesmo que ganhe algo a mais do que estava esperando em algum momento, logo a quantia vai escorrer por entre seus dedos. Contas altas chegam, objetos quebram em casa e outras circunstâncias inesperadas de todo tipo vêm para escoar o seu dinheiro e tirá-lo outra vez das suas mãos.

Então o que faz o dinheiro permanecer? O amor! O amor é a força que atrai o dinheiro, mas também é o poder que o faz permanecer! Não está relacionado ao fato de você ser ou não uma boa pessoa. Esse aspecto vai além de qualquer questão, porque você é muito mais magnífico do que pensa.

Você tem que dar amor e se sentir bem acerca do dinheiro para trazê-lo até suas mãos e fazê-lo ficar! Nesse momento, se você está sem fundos e sua dívida no cartão está aumentando, você não tem poder para fazer o dinheiro permanecer e o está repelindo.

Não importa a situação financeira em que você se encontra. Não importa a conjuntura econômica em que estão os seus negócios, o seu país ou o mundo. Sempre há esperança. Algumas pessoas que viveram durante a Grande Depressão conseguiram prosperar porque conheciam a lei do amor e da atração. Colocaram a lei em prática imaginando e sentindo tudo o que queriam e desafiaram as circunstâncias à sua volta.

"Deixe nossas vidas serem boas e os tempos serem bons. Nós fazemos o nosso tempo; da maneira como somos, assim será o tempo."

Santo Agostinho de Hipona (354–430)

TEÓLOGO E BISPO

A força do amor pode superar todos os obstáculos ou situações. Problemas mundiais não são empecilho. A lei da atração opera com o mesmo poder, não importa se os tempos são difíceis ou tranquilos.

Como Mudar a Forma Como Você se Sente Acerca do Dinheiro

Quando mudar a forma como você se sente com relação ao dinheiro, a quantidade de dinheiro em sua vida vai mudar. Quanto melhor se sentir, mais dinheiro vai atrair magneticamente para si mesmo.

Se você não tem muitos recursos, então receber as contas não vai lhe proporcionar uma sensação boa. Mas, no momento em que reage negativamente a uma conta cara, você dá sentimentos ruins e com certeza isso o fará receber outras contas ainda mais altas. Tudo que você dá, você recebe de volta. O mais importante é, ao pagar as contas, encontrar alguma forma de se sentir bem. Nunca pague as contas quando não estiver de bom humor.

Para mudar o que sente, é preciso usar a imaginação a fim de transformar as contas em algo que o faça se sentir melhor. Você pode imaginar que não são contas e boletos, mas sim doações que você decidiu fazer a pessoas ou empresas por simples bondade, graças ao serviço maravilhoso que elas prestam.

Imagine que, em vez de contas, você esteja recebendo cheques. Ou use a gratidão e agradeça à empresa que enviou aquela conta, pensando em quanto você é beneficiado pelo serviço dela – pelo fornecimento de energia ou por ter uma casa para morar. Você pode escrever na frente do boleto: "Obrigado – pago." Se não tiver dinheiro para pagar imediatamente, escreva: "Obrigado pelo dinheiro." A lei da atração não questiona se o que você imagina e sente é real ou não. Apenas responde ao que você dá e pronto.

> *"Você é recompensado não de acordo com seu trabalho ou seu tempo, mas de acordo com a medida do seu amor."*
>
> Santa Catarina de Siena (1347–1380)
>
> FILÓSOFA E MÉDICA DA IGREJA CATÓLICA

Ao receber seu salário, seja grato para que ele se multiplique! A maioria das pessoas sequer se sente feliz no dia do pagamento, porque fica preocupada se o salário vai durar o mês inteiro. Perdem uma oportunidade incrível de dar amor toda vez que são pagas. Quando o dinheiro chega às suas mãos, não importa a quantidade, sinta-se grato! Lembre-se: todas as coisas pelas quais você é grato se multiplicam. A gratidão é o grande multiplicador!

Aproveite Cada Oportunidade para Brincar

Aproveite cada momento em que estiver manuseando dinheiro para multiplicá-lo, sentindo-se bem. Sinta amor quando pagar qualquer coisa! Sinta amor quando der dinheiro a alguém! Sinta amor de todo o coração ao imaginar quanto seu dinheiro está ajudando determinada empresa e seus funcionários. Isso vai fazer você se sentir bem quanto ao dinheiro que está dando, em vez de se sentir mal porque o seu está acabando. A diferença entre os dois é a mesma entre ter bastante dinheiro e enfrentar dificuldades financeiras pelo resto da vida.

Aqui está um jogo que você pode brincar toda vez que for manusear o dinheiro. Imagine uma nota. Imagine a frente dela como sendo o lado positivo, que representa muito dinheiro. Imagine o outro lado como sendo o negativo, isto é, a falta de dinheiro. Toda vez que pegar no dinheiro, vire as notas a fim de que você olhe para o lado positivo. Disponha-as na carteira com o lado positivo voltado para você. Quando der dinheiro a alguém, sempre vire o lado positivo para cima. Ao fazer isso, você estará usando o próprio dinheiro como forma de lembrar a si mesmo de se sentir bem quanto a enriquecer.

No caso do cartão de crédito, guarde-o virado para cima, onde se lê o seu nome, porque a frente dele lhe diz que há abundância de dinheiro com o seu nome gravado!

Quando for pagar alguma coisa, ao entregar o dinheiro ou o cartão, imagine de coração a abundância de dinheiro para quem está recebendo. Tudo que você dá, você recebe de volta!

Imagine que você já é rico. Imagine que tem todo o dinheiro de que precisa agora. Como mudaria a forma de levar a sua vida? Pense em todas as coisas que faria. Como você se sentiria? Você se sentiria diferente e, justamente por isso, andaria de maneira diferente. Falaria de forma diferente. Andaria com uma postura diferente. Reagiria de forma diferente a tudo. Sua reação a contas seria diferente. Sua reação a pessoas, circunstâncias, eventos e tudo mais na vida seria diferente. Porque você iria se *sentir* diferente! Você seria mais tranquilo. Teria paz de espírito. Seria feliz. Não iria se aborrecer com nada. Aproveitaria cada dia, sem se preocupar com o amanhã. Esse é o sentimento que quero que você capte. Esse é o sentimento de amor pelo dinheiro, e esse sentimento permanece magneticamente!

"Capte o sentimento associado à realização do seu desejo, ao sentir-se como se já estivesse de posse daquilo que deseja, e seu desejo vai se materializar."

Neville Goddard (1905–1972)

AUTOR DO NOVO PENSAMENTO

Diga Sim ao Dinheiro

Lembre-se: toda vez que souber que outra pessoa está recebendo mais dinheiro ou tendo mais sucesso, fique feliz por ela, porque isso significa que você está na mesma frequência! É prova de que você está numa frequência boa, então fique empolgado como se aquilo estivesse acontecendo a você, porque sua reação é o mais importante de tudo. Se reagir com alegria e entusiasmo pela outra pessoa, você estará dizendo *sim* a ter mais dinheiro e sucesso. Se reagir com desilusão ou inveja, seus sentimentos ruins estarão dizendo *não* a ter mais dinheiro e sucesso. Se souber de uma pessoa que ganhou na loteria ou de uma empresa que bateu o recorde de lucros, fique empolgado e feliz por eles. O fato de que ouviu a notícia lhe mostra que você está na mesma frequência, e sua reação de sentir algo bom por essas pessoas diz *sim* para você!

Há alguns anos, cheguei ao fundo do poço financeiramente. Tinha estourado o limite de vários cartões de crédito, meu apartamento fora hipotecado até o máximo permitido e minha empresa tinha uma dívida de milhões de dólares por causa da produção do filme *O Segredo*. Acho que minha situação financeira era a pior que uma pessoa poderia ter. Eu queria dinheiro para terminar o filme e, conhecendo a lei da atração, sabia que precisava me sentir bem em relação a recursos a fim de trazer mais para mim. Não foi fácil, porque dia após dia eu deparava com uma dívida cada vez maior, pessoas me cobrando, e eu não fazia ideia de como conseguiria pagar os salários da minha equipe. Então tomei uma atitude drástica.

Fui até um caixa eletrônico e saquei centenas de dólares do meu cartão de crédito. Eu precisava muito daquele dinheiro para pagar as contas e comprar comida, mas mesmo assim peguei as notas, fui até uma rua movimentada da cidade e distribuí o dinheiro para quem estivesse passando.

Coloquei uma nota de 50 dólares na minha mão e, enquanto andava, ia olhando para o rosto de cada pessoa vindo em minha direção, tentando decidir para quem eu daria o dinheiro. Minha vontade era de dar para todo mundo, mas eu só tinha uma quantia limitada. Deixei meu coração decidir e distribuí para todo tipo de pessoa. Foi a primeira vez na vida que senti amor pelo dinheiro. Não foi o dinheiro em si que me fez amá-lo, e sim o fato de doá-lo às pessoas. Era uma sexta-feira, e chorei de felicidade várias vezes no fim de semana, pensando na sensação maravilhosa de dar dinheiro para os outros.

Na segunda-feira à tarde, algo surpreendente aconteceu: minha conta no banco recebeu 25 mil dólares por meio da mais incrível sequência de eventos. O dinheiro literalmente caiu do céu. Eu tinha comprado algumas ações na empresa de uma amiga anos antes e me esquecera delas, porque nunca subiam. Naquela manhã, eu recebera um telefonema me perguntando se eu gostaria de vender minhas ações, pois elas haviam disparado na bolsa e, na mesma tarde, o dinheiro já estava na minha conta.

Eu não tinha distribuído meu dinheiro pensando em trazer mais para mim mesma. Eu o fiz de modo a conseguir sentir amor pelo dinheiro. Queria mudar o sentimento ruim que tive a vida toda sobre o assunto. Se eu tivesse doado o dinheiro só para recebê-lo de volta, não teria funcionado, porque estaria motivada por um sentimento de falta de dinheiro, que é negativo, em vez de estar motivada pelo amor. Se você doar dinheiro e sentir amor ao fazê-lo, com certeza isso vai retornar para você. Um homem preencheu um cheque e doou 100 dólares para uma obra de caridade que achava importante. Dez horas depois, ele concluiu a maior venda que já tinha feito em sua empresa.

> *"O importante não é quanto damos, mas quanto amor colocamos em dar."*
>
> Madre Teresa de Calcutá (1910–1997)
>
> Freira missionária canonizada pela Igreja Católica e vencedora do Prêmio Nobel da Paz

Se estiver com dificuldades financeiras, a fim de se sentir realmente bem em relação ao dinheiro, você pode enviar pensamentos de abundância de recursos às pessoas que passam por você na rua. Olhe no rosto delas e imagine-se lhes dando bastante dinheiro, imagine a felicidade delas. Sinta isso com cada pessoa antes de imaginar-se doando para outra. É simples de fazer e, se você realmente sentir isso, vai mudar a forma como se sente sobre dinheiro, o que transformará as circunstâncias financeiras da sua vida.

Carreira e Negócios

> *"Um verdadeiro gênio sem coração não serve para nada, porque muito conhecimento apenas, ou inteligência somente, ou mesmo ambos juntos não fazem um gênio. O amor! O amor! O amor! Essa é a alma do gênio."*
>
> Nikolaus Joseph von Jacquin (1727–1817)
>
> CIENTISTA HOLANDÊS

A força atrativa do amor é o que move todo o dinheiro do mundo, e quem estiver dando amor ao se sentir bem é um ímã de dinheiro. Você não precisa ganhar muito para provar seu valor. Você já vale agora todo o dinheiro de que precisa! Você merece esse dinheiro agora! Você nasceu para trabalhar por prazer. Trabalhar em algo que o empolga e que o faz feliz. Você merece trabalhar em algo que ama! E quando você ama o que faz, o dinheiro vem!

Se você está num emprego porque acredita que essa é a única forma de ganhar dinheiro embora não goste do trabalho, nunca atrairá dinheiro ou o emprego dos seus sonhos. O emprego que você ama já existe, e tudo que você precisa fazer para atraí-lo é dar amor. Imagine e sinta que você já tem esse emprego agora e vai recebê-lo. Pense em todas as coisas boas no seu emprego atual e sinta amor por elas, porque, quando você dá amor, tudo que você ama vem em seguida. O emprego que você ama vai aparecer na sua vida!

Um homem desempregado se candidatou ao emprego que sempre quis. Logo depois, escreveu uma carta como se a empresa estivesse oferecendo o trabalho a ele, incluindo o salário e os detalhes da sua função. Fez um cartão de visita com seu nome e o logotipo da empresa e ficou olhando para ele, sentindo-se grato por trabalhar ali. Escreveu e-mails a cada três dias parabenizando a si mesmo por ter conseguido o emprego.

Esse homem conseguiu ser chamado para a fase de entrevista por telefone e depois para as entrevistas ao vivo, com 10 pessoas da firma. Duas horas depois, a empresa lhe telefonou dando a notícia de que o emprego era dele. O homem recebeu o emprego que sempre quis e com um salário muito maior do que ele havia escrito em sua carta de oferta imaginária.

Mesmo que você não saiba o que quer fazer na vida, tudo o que precisa fazer é dar amor por meio de sentimentos bons, assim vai atrair tudo o que ama para si mesmo. Seus sentimentos de amor vão guiá-lo até o seu propósito. O emprego dos seus sonhos está na frequência do amor e, para recebê-lo, você deve entrar nela.

"O sucesso não é a chave para a felicidade.
A felicidade é a chave para o sucesso."

Albert Schweitzer (1875–1965)

MÉDICO MISSIONÁRIO E FILÓSOFO, VENCEDOR DO PRÊMIO NOBEL DA PAZ

O sucesso nos negócios funciona da mesma forma. Se você tem uma empresa que não está prosperando tanto quanto você gostaria, então algo não está fazendo o dinheiro permanecer em seus negócios. O principal fator que causa falência nas empresas é dar sentimentos ruins quanto à falta de sucesso. Mesmo que os negócios estejam indo bem, se você reagir com maus sentimentos quando há uma leve queda, cria um prejuízo maior. Todas as inspirações e ideias que vão fazer seu negócio prosperar a níveis inimagináveis estão na frequência do amor, então você precisa encontrar maneiras de se sentir bem acerca de sua empresa e entrar na frequência mais alta que puder.

Imagine, brinque, crie jogos e faça o possível para elevar seu astral e se sentir bem. Quando eleva seus sentimentos, você alavanca seus negócios. Em cada área da sua vida, todos os dias, ame tudo que vê, tudo à sua volta e ame o sucesso de outras empresas como se fosse seu! Se você se sentir muito bem em relação ao sucesso, não importa de quem seja, o sucesso vai se prender em você!

Nos negócios ou em qualquer emprego ou trabalho que você tenha, assegure-se de que está *dando* o mesmo valor que o dinheiro que você *recebe* em lucros ou de salário. Se você atribuir um valor menor que o dinheiro que recebe, seus negócios ou sua carreira estarão fadados ao fracasso. Você não pode tirar nada de ninguém na vida, porque assim estará tirando de si mesmo. Sempre atribua um valor igual ao que você recebe. A única maneira de garantir que está fazendo isso é dando *mais* valor do que o dinheiro que ganha. Se você fizer, seus negócios e sua carreira vão decolar.

O Amor Faz Você Receber de Inúmeras Maneiras

O dinheiro é apenas uma ferramenta para que você tenha as experiências que ama na vida. Ao pensar nas coisas que pode fazer com dinheiro, você sentirá muito mais amor e alegria do que se pensar apenas no dinheiro em si. Imagine estar com aquilo que ama, fazer o que ama, ter o que ama, porque você vai sentir muito mais amor do que pensando apenas no dinheiro.

A força atrativa do amor tem inúmeras maneiras de ajudá-lo a receber o que quer e apenas uma envolve dinheiro.

Não cometa o erro de pensar que o dinheiro é o único modo de receber algo. Isso é um pensamento limitado que pode limitar a sua vida!

Minha irmã atraiu um carro novo por meio da sequência de eventos mais aventureira possível. Ela estava dirigindo para o trabalho quando foi surpreendida por uma enchente repentina. Seu carro enguiçou na água. Um bombeiro chegou para resgatá-la e insistiu em carregá-la no colo até chegarem a um local seco, embora o nível da água não estivesse tão alto. Ela riu durante toda a experiência, que acabou aparecendo aquela noite no noticiário da televisão. O carro da minha irmã sofreu perda total e, dentro de duas semanas, ela recebeu do seguro dinheiro suficiente para comprar o carro dos seus sonhos.

A parte mais incrível dessa história é que minha irmã estava reformando a casa naquela época e não tinha dinheiro sobrando para comprar um carro, nem sequer imaginava trocar de carro. Mas ela atraiu o lindo carro zero para sua vida porque chorou de alegria quando soube que nossa outra irmã tinha comprado um. Ela ficou tão feliz e deu tanto amor ao fato de nossa irmã receber um carro novo que a lei da atração moveu todos os elementos, circunstâncias e eventos para entregar um carro a ela também. Esse é o poder do amor!

Você não sabe como vai receber o que quer até o momento de receber, mas a força do amor, sim. Pare de se sabotar e tenha fé. Imagine o que quer, sinta a felicidade dentro de si, e a força atrativa do amor vai encontrar a maneira perfeita para que você receba isso. Nossas mentes são limitadas, mas a inteligência do amor não tem limites. Suas maneiras de agir vão além da nossa compreensão. Não limite a vida pensando que o dinheiro é a única forma de obter o que quer. Não faça do dinheiro seu único alvo; seu objetivo deve ser o que você quer ser, fazer e ter. Se quiser uma casa nova, imagine e sinta a felicidade de viver nela. Se quiser roupas, eletrodomésticos ou carros novos, se quiser ir para uma universidade, mudar de país, aprender a tocar um instrumento, fazer teatro ou um esporte... imagine! Todas essas coisas podem vir até você de maneiras infinitas.

Amor Acima de Tudo

Há uma regra importante em relação ao dinheiro: nunca o coloque acima do amor. Se fizer isso, você estará violando a lei da atração do amor e sofrerá as consequências. O amor precisa ser a força que comanda a sua vida. Nada pode se sobrepor ao amor. O dinheiro é uma ferramenta disponível que você pode atrair para si através do amor, mas se puser o dinheiro à frente do amor em sua vida, receberá um monte de coisas negativas. Você não pode dar amor por dinheiro e depois sair por aí sendo grosseiro e negativo com as pessoas, porque, se agir assim, estará abrindo a porta para a negatividade invadir seus relacionamentos, sua saúde, sua felicidade e também suas finanças.

"Se você quer amor, tente entender que a única forma de consegui-lo é dando; que quanto mais você der, mais vai receber; e que a única forma de dar é preenchendo a si mesmo de amor, até se tornar um ímã."

Charles Haanel (1866–1949)

AUTOR DO NOVO PENSAMENTO

Você nasceu para ter o dinheiro de que precisa para viver uma vida plena. Você não foi criado para sofrer por falta de dinheiro, porque sofrer acrescenta negatividade ao mundo. A beleza da vida é que, quando você coloca o amor acima de tudo, todo o dinheiro de que precisa para viver em plenitude chega até você.

RESUMINDO O PODER

- *A força atrativa do amor é o que move todo o dinheiro no mundo. Quem está dando amor e sentindo-se bem é um ímã para o dinheiro.*

- *É fácil saber como você se sente quando o assunto é dinheiro, porque, se não tem tudo de que precisa, então não se sente bem em relação a isso.*

- *O amor é a força atrativa que traz o dinheiro e também o poder que faz o dinheiro permanecer!*

- *Quando estiver pagando suas contas, encontre uma forma, qualquer forma, de se sentir bem naquele momento. Imagine que, em vez de contas, você esteja recebendo cheques. Ou use a gratidão e agradeça à empresa que lhe enviou a conta pelos serviços prestados.*

- *Quando algum dinheiro chegar às suas mãos, não importa que seja uma quantia pequena, sinta-se grato! Lembre-se: a gratidão é o grande multiplicador.*

- *Sinta amor ao pagar qualquer coisa, em vez de se sentir mal porque ficou com menos dinheiro. A diferença entre os dois sentimentos é a mesma entre ter dinheiro suficiente ou sofrer dificuldades financeiras o resto da vida.*

- *Use o dinheiro físico como lembrete para se sentir bem em relação à riqueza. Imagine a frente de cada cédula como sendo o lado positivo, que representa ter muito dinheiro. Toda vez que pegar em uma nota, vire-a deliberadamente a fim de que o lado positivo fique de frente para você.*

- *Se você se sente muito bem acerca do sucesso, mesmo que seja o de outra pessoa, ele será atraído e fixado a você!*

- *Dê um valor igual ao dinheiro que você recebe por meio de lucros ou salário. Se você atribuir mais valor ao dinheiro que recebe, seus negócios e sua carreira vão prosperar.*

- *O dinheiro é apenas uma ferramenta para que você tenha as experiências com o que ama na vida. A força atrativa do amor possui inúmeras maneiras de fazer você receber o que quer – e apenas uma delas envolve dinheiro.*

- *Imagine estar com o que ama, fazer o que ama e ter as coisas que ama, porque assim você vai sentir muito mais amor do que se pensasse apenas no dinheiro.*

- *A beleza da vida é que, quando você coloca o amor acima de tudo, todo o dinheiro de que precisa para viver uma vida plena chega até você.*

O PODER E OS RELACIONAMENTOS

"Estenda a cada pessoa, mesmo no contato mais trivial, todo o carinho, a gentileza, a compreensão e o amor que puder sentir e faça isso sem pensar em qualquer tipo de recompensa. Sua vida nunca mais será a mesma."

Og Mandino (1923–1996)

AUTOR

A lei de dar amor se aplica a tudo em sua vida. E é a lei dos relacionamentos. A força do amor não se importa se você conhece alguém ou não, se a pessoa é amiga ou inimiga, um ente querido ou estranho. A força do amor não se importa se você está encontrando um colega de trabalho, o chefe, o seu pai, o seu filho, um aluno ou o atendente de uma loja. A cada pessoa com quem você entra em contato ou você dá amor ou não. E o que você dá é o que você recebe.

Relacionamentos são o maior canal para se dar amor, portanto sua vida inteira pode mudar apenas por meio do amor que você dedica a suas relações pessoais. Ao mesmo tempo, relacionamentos podem ser a causa de sua decadência, pois são com frequência a sua maior desculpa para *não* dar amor!

O Que Você Dá aos Outros Dá a Si Mesmo

Os seres mais iluminados da História disseram que devemos amar os outros. Não apenas para que você seja uma boa pessoa. Você recebeu o segredo da vida! A lei da atração! Quando amar os outros, *você* terá uma vida maravilhosa. Quando amar os outros, *você* vai receber a vida que merece.

> *"Porque toda a lei se resume num só mandamento: Ame o próximo como a ti mesmo."*
>
> *São Paulo* (CERCA DE 5–67)
>
> APÓSTOLO CRISTÃO, EM GÁLATAS 5:14

Dê amor aos outros, com bondade, incentivo, apoio, gratidão ou qualquer outro sentimento bom, e o amor voltará para você e se multiplicará em todas as áreas de sua vida, incluindo a saúde, o dinheiro, a felicidade e a carreira.

Dê negatividade aos outros, com críticas, raiva, impaciência ou qualquer outro sentimento ruim, e você receberá essa negatividade de volta – isso é certo! Ao voltar, a negatividade se multiplica atraindo ainda mais coisas ruins, o que afeta o restante da sua vida.

O Problema Não É a Outra Pessoa

É fácil saber o que você está dando em seus relacionamentos agora. Se a relação está ótima, significa que você está dando mais amor e gratidão do que negatividade. Se a relação anda difícil e desgastante, significa que você está inadvertidamente dando mais negatividade do que amor.

Muitos acham que a causa de um relacionamento bom ou ruim é a outra pessoa, mas não é assim que a vida funciona. Você não pode dizer para a força do amor: "Eu só darei amor quando a outra pessoa me der também!" Você não pode receber nada na vida sem dar primeiro! Tudo que você dá, você recebe, então o problema não é a outra pessoa: tudo depende de você! O que importa é o que você está dando e sentindo.

Você pode mudar qualquer relacionamento agora mesmo ao procurar nele as coisas que ama, valoriza e que o fazem sentir gratidão por aquela pessoa. Quando você faz um esforço deliberado para encontrar as coisas que ama mais do que para perceber características negativas, um milagre vem à tona. Vai parecer que algo incrível aconteceu com a outra pessoa. Mas é a força do amor que é incrível, porque ela dissolve a negatividade, incluindo a dos relacionamentos. Tudo o que você precisa fazer é utilizar a força do amor ao procurar por coisas que ama naquela pessoa, e tudo vai mudar!

Conheço centenas de relacionamentos que foram restaurados pelo poder do amor, mas uma história em particular se destaca: a de uma mulher que usou o poder do amor para salvar seu casamento que desmoronava, porque o amor que sentia pelo marido havia acabado. Na realidade, ela não suportava sequer ficar ao lado dele. Ele reclamava demais. Vivia doente. Era deprimido e irritado e abusava verbalmente dela e dos quatro filhos.

Quando essa mulher aprendeu sobre o poder de dar amor, decidiu no mesmo instante se sentir mais feliz, apesar dos problemas. Imediatamente, a atmosfera na casa deles se tornou mais leve, e a relação dela com os filhos melhorou. Então, começou a olhar os álbuns de fotografia, em especial as fotos do marido quando eram recém-casados. Pegou algumas fotos e as dispôs na mesa a fim de olhar para elas todos os dias e, ao fazer isso, algo incrível aconteceu. Ela voltou a sentir o amor que nutria pelo marido no início, e seu afeto cresceu de repente dentro dela. Chegou a um ponto em que ela passou a amá-lo mais do que nunca na vida. Seu amor se tornou tão grande que a depressão e a raiva do marido desapareceram e sua saúde se restabeleceu. Então essa mulher deixou de querer distância dele para viver um casamento em que ambos desejavam a presença um do outro o tempo todo.

Amor Significa Liberdade

Agora, aqui está a parte complicada sobre dar amor em relacionamentos, aquilo que impede muitos de receberem a vida que merecem. Só é complicada porque as pessoas não compreendem o que significa dar amor aos outros. Para ficar bem claro, vou explicar o que significa *não* dar amor aos outros.

Tentar mudar a outra pessoa *não* é dar amor! Pensar que você sabe o que é melhor para a outra pessoa *não* é dar amor! Pensar que você está certo e a outra pessoa está errada *não* é dar amor! Criticar, culpar, reclamar, resmungar e procurar defeitos na outra pessoa *não* é dar amor!

> *"O ódio não é vencido pelo ódio. O ódio é vencido pelo amor. Essa é uma lei eterna."*
>
> Buda Gautama (563–483 A.C.)
>
> FUNDADOR DO BUDISMO

Gostaria de contar uma história que recebi e que demonstra o cuidado que devemos ter em nossos relacionamentos. A esposa de um homem o abandonou e levou os filhos com ela. O homem ficou arrasado, culpando a mulher e se recusando a aceitar a decisão dela. Continuou entrando em contato com a mulher, determinado a fazer qualquer coisa para que ela mudasse de ideia e voltasse. Ele pode ter achado que estava agindo por amor à esposa e aos filhos, mas suas ações não eram amorosas. Culpava a esposa pela separação. Acreditava que ela estava errada e ele, certo. Recusava-se a aceitar a decisão dela de escolher por si mesma. Como ele não parava de ir atrás dela, foi preso e condenado a passar um tempo na cadeia.

Com o tempo, ele entendeu que não estava dando amor ao negar à esposa a liberdade *dela* de escolher o que queria, e o resultado foi que *ele* acabou perdendo a liberdade. A lei da atração é a lei do amor e você não pode romper isso. Se violar a lei, você derrota a si mesmo.

Estou compartilhando essa história porque é muito difícil para algumas pessoas enfrentar o fim de relacionamentos íntimos. Você não pode negar o direito do outro de escolher o que quer, porque isso não é dar amor. Ter o coração partido é difícil de engolir, mas você precisa respeitar a liberdade e o direito de escolha do outro. O que você dá aos outros é o que você recebe, portanto, ao negar a liberdade de escolha da outra pessoa, você atrai coisas negativas que negam sua própria liberdade. Talvez o dinheiro que você tem diminua ou sua saúde fique debilitada ou seu emprego ameaçado, porque todas essas coisas podem afetar sua liberdade. Não há “outra pessoa” para a lei da atração. O que você dá aos outros, você dá a si mesmo.

Por outro lado, dar amor a outra pessoa não significa deixá-la passar por cima ou abusar de você de forma alguma, porque isso também não é dar amor. Deixar o outro usá-lo não o ajuda e com certeza não ajuda você. O amor é resistente, e nós aprendemos e crescemos por meio da sua lei. Como parte desse aprendizado, vivenciamos as consequências. Portanto não é amor permitir que alguém se aproveite ou abuse de você. A resposta é: entre na frequência mais alta de bons sentimentos que puder, e a força do amor vai resolver a situação para você.

> *"Sempre que alguém me ofende, tento levantar a minha alma tão alto que a ofensa não consegue alcançá-la."*
>
> René Descartes (1596–1650)
>
> MATEMÁTICO E FILÓSOFO

O Segredo dos Relacionamentos

A vida lhe apresenta tudo para que você possa escolher o que ama. Parte do presente da vida é que você receba todo tipo de pessoa, a fim de que possa selecionar o que ama nelas e ignorar o que não ama. Você não deve produzir amor pelas qualidades de uma pessoa que não ama, e sim simplesmente se afastar sem lhe dar qualquer sentimento.

Afastar-se do que você não ama em alguém significa que você está tranquilo em relação a isso e sabe que a vida está lhe dando uma escolha. Não significa brigar com a pessoa para provar que ela está errada, criticá-la, culpá-la ou querer mudá-la porque pensa que está certo. Se fizer qualquer uma dessas coisas, você não estará dando amor – de jeito nenhum!

"Sua própria alma se alimenta quando você é bondoso; e se destrói quando você é cruel."

Rei Salomão (CERCA DE 1050 A.C.–CERCA DE 931 A.C.)

REI BÍBLICO DE ISRAEL, EM PROVÉRBIOS 11:17

Quando você está numa frequência de sentimento de amor, somente pessoas que estão na mesma frequência podem entrar na sua vida.

Em alguns dias, você se sente muito feliz; em outros, irritado; em outros, triste. Você pode ter muitas versões de si mesmo. A pessoa com quem você se relaciona também pode ter várias versões, incluindo feliz, irritada ou triste. Sem dúvida, você já a viu em diversas versões diferentes, mas ela continua sendo a mesma pessoa. Quando você está feliz, somente a versão feliz de outras pessoas pode entrar em sua vida – mas *você* precisa estar feliz para receber as versões felizes de outras pessoas!

Isso não significa que você seja responsável pela felicidade dos outros, porque cada um é responsável pela própria vida e felicidade. O que quero dizer é que não há nada que você possa fazer além de se sentir feliz, e a lei da atração tomará conta do resto.

"A felicidade depende de nós mesmos."

Aristóteles (384–322 A.C.)

FILÓSOFO E CIENTISTA GREGO

PTEs

Uma forma de amenizar relacionamentos conflituosos ou difíceis é imaginar as pessoas como seus Personal Trainers Emocionais (PTE). A força do amor apresenta a você toda uma gama de treinadores emocionais disfarçados de pessoas do seu dia a dia, mas que na verdade treinam você para escolher o amor!

Algumas pessoas podem ser Personal Trainers Emocionais moderados, pois não o desafiam muito e são fáceis de amar. Outras podem ser os PTEs mais rigorosos, porque o desafiam até o limite, como alguns personal trainers fazem em exercícios físicos, mas são esses que o tornam mais forte e capaz de escolher o amor em qualquer circunstância.

Os Personal Trainers Emocionais podem usar todo tipo de situação e tática para desafiá-lo, mas você não pode esquecer que cada desafio é apresentado a fim de que você possa escolher o amor e evitar ser negativo e culpar os outros. Alguns treinadores podem tentá-lo a fazer críticas a eles ou aos outros, mas não caia nessa armadilha. Críticas são negativas e não dão amor, portanto, se você não pode amar o que há de bom em alguém ou em alguma coisa, simplesmente ignore-os.

Alguns personal trainers podem testá-lo, provocando-o a sentir desejo de vingança, raiva ou ódio. Evite esses sentimentos pensando nas coisas que ama na vida. Outros podem até atingi-lo com sentimentos de culpa, baixa autoestima ou medo. Não caia em nenhum deles, porque nenhum tipo de negatividade é amor.

> *"O ódio paralisa a vida; o amor a liberta. O ódio confunde a vida; o amor a harmoniza. O ódio escurece a vida; o amor a ilumina."*
>
> Martin Luther King Jr. (1929–1968)
>
> LÍDER DE DIREITOS CIVIS E PASTOR DA IGREJA BATISTA

Imaginar as pessoas em sua vida como seus Personal Trainers Emocionais vai ajudá-lo em qualquer relacionamento difícil. São os treinadores mais rigorosos que tornam você mais forte e determinado para sempre escolher o amor, mas eles também mandam uma mensagem. Estão lhe dizendo que você entrou numa frequência de sentimentos negativos – e você precisa se sentir melhor para sair dela! Ninguém pode entrar na sua vida e afetá-lo negativamente, a não ser que você já esteja na mesma frequência de sentimentos negativos. Se estiver numa frequência de sentimento de amor, não fará diferença quanto a pessoa é difícil ou negativa, ela não conseguirá afetá-lo.

Cada pessoa está apenas cumprindo o seu papel, assim como você está sendo um Personal Trainer Emocional para os outros. Não há inimigos, há apenas alguns PTEs muito bons e outros PTEs durões que tornam você ainda melhor.

A Lei da Atração Pega

A lei da atração pega. Quando você se sente feliz pela boa sorte de outra pessoa, a sorte dela pega em você! Quando você admira ou aprecia qualquer coisa de outra pessoa, você pega essas qualidades para si próprio. Mas quando pensa ou discute coisas negativas sobre outra pessoa, você também se contamina, transmitindo-as para a própria vida.

A lei da atração reage a *seus* sentimentos. Tudo que você dá, você recebe, então se colar um rótulo em uma pessoa, circunstância ou evento, você está colando esse rótulo em si mesmo, e é isso que vai receber.

É uma notícia fantástica, pois significa que você pode pegar tudo que ama e quer ao procurar pelas coisas que ama em outras pessoas e dizendo sim a elas de todo o coração! O mundo é seu catálogo e, quando você compreende o poder que seu amor tem, passa a ser uma jornada em tempo integral notar tudo que você ama nos outros. Mas essa é a melhor e mais fácil maneira de mudar sua vida inteira. Muito mais do que lutar e sofrer. Tudo que precisa fazer é notar as coisas que ama nas outras pessoas e ignorar as que você não ama, não dando a elas qualquer sentimento. Viu como é fácil?

"Dando o primeiro passo com um bom pensamento, o segundo com uma boa palavra e o terceiro com uma boa ação, eu entrei no Paraíso."

Livro de Arda Viraf (SÉCULO VI A.C.)
TEXTO RELIGIOSO DO ZOROASTRISMO

Fofocas Também Contagiam

Fofocas parecem inofensivas à primeira vista, mas podem causar muitos impactos negativos na vida das pessoas. Fofocar não é dar amor, é dar negatividade. E é exatamente isso que você vai receber de volta. A fofoca não é nociva à pessoa de quem se fala mal, e sim àqueles que a propagam!

Quando você conversa com um parente ou amigo e ele lhe conta algo negativo sobre uma pessoa, ele está fofocando e dando negatividade. Ao escutá-lo, você também está gerando negatividade, porque você é humano e não tem como ouvir coisas negativas sem que seus sentimentos se abatam rapidamente. Quando conversa com um colega de trabalho no almoço e ambos falam mal de alguém, vocês estão fofocando e dando negatividade. Você não pode falar e ouvir negatividade e ao mesmo tempo manter sentimentos bons!

Portanto, para ser bem direta, precisamos ter cuidado para não nos meter na vida dos outros, porque as coisas ruins que dissermos contaminarão nossa própria vida! Se não quiser que isso aconteça, ignore essas coisas sem lhes dedicar qualquer sentimento. Você não só fará um favor a si mesmo, como também às outras pessoas, que não percebem o efeito negativo que a fofoca tem na vida delas.

Se você se pegar fofocando ou escutando alguém falar mal dos outros, pare no meio da frase e diga: "Mas sou grata por..." e conclua dizendo algo bom sobre a pessoa que é alvo da fofoca.

> *"Se o homem fala ou age com um pensamento ruim, a dor o persegue. Se o homem fala ou age com um pensamento puro, a felicidade o segue, como uma sombra que nunca irá deixá-lo."*
>
> Buda Gautama (563–483 A.C.)
>
> FUNDADOR DO BUDISMO

Sua Reação Decide

A vida lhe apresenta toda e qualquer pessoa e circunstância a fim de que você possa escolher o que ama e o que não ama. Quando reage a qualquer coisa, você faz isso com seus sentimentos e, portanto, está escolhendo! Sua reação, boa ou ruim, é o que fica em você. E, de fato, você está dizendo que quer mais daquilo! Então é importante que observe como reage em seus relacionamentos, pois, quer sejam bons ou ruins, esses são os sentimentos que você está dando – e, portanto, são os que vai receber para que continue se sentindo daquela forma.

Se uma pessoa diz ou faz algo que o deixa irritado, ofendido ou furioso, faça o possível para mudar a reação negativa imediatamente. A simples consciência de ter reagido mal já tira o poder dos sentimentos ruins de imediato e consegue até acabar com eles. No entanto, se os sentimentos negativos parecem continuar dominando você, é melhor se afastar e passar alguns minutos pensando nas coisas que ama, uma após a outra, até se sentir melhor. Você pode usar qualquer coisa para se sentir melhor, como ouvir sua música favorita, imaginar ou fazer coisas que ama. Também pode pensar nas características que ama na pessoa que o aborreceu. Pode ser difícil, mas é a maneira mais rápida de se sentir melhor. Também é a maneira mais rápida de se tornar senhor de seus sentimentos!

> *"O homem que é senhor de si mesmo pode extinguir um sofrimento ao inventar um prazer. Não quero estar à mercê das minhas emoções. Quero usá-las, desfrutá-las e dominá-las."*

Oscar Wilde (1854–1900)

AUTOR E POETA

Você pode mudar qualquer situação negativa em sua vida, mas não consegue fazê-lo com sentimentos ruins. É preciso reagir de forma diferente à situação, porque, se continuar reagindo negativamente, seus maus sentimentos vão amplificar e multiplicar a negatividade. Quando você dá sentimentos bons, a positividade se amplifica e se multiplica. Mesmo que não consiga imaginar como determinada situação pode se transformar em algo positivo – ela pode, sim! A força do amor sempre encontra um caminho.

O Amor É um Escudo

Para tirar o poder da negatividade de outras pessoas e não ser afetado por ela, lembre-se dos campos magnéticos de sentimentos que envolvem cada um. Há um campo de amor, alegria, felicidade, gratidão, entusiasmo, paixão, enfim, um campo para cada sentimento bom. Há também um campo de raiva, desânimo, frustração, ódio, desejo de vingança, medo e para cada outro sentimento negativo.

Uma pessoa cercada por um campo magnético de raiva não se sente bem de forma alguma, então, se você estiver na presença dela, é provável que ela dirija sua ira a você. Ela não faz por mal, mas não consegue enxergar nada de bom quando vê o mundo através do campo magnético da raiva. Tudo que vê são coisas que a aborrecem. Como apenas enxergam ira, acabam ficando furiosas e descontam a raiva na primeira pessoa que aparece – até mesmo uma pessoa amada. Essa situação lhe parece familiar?

Se você está se sentindo maravilhosamente bem, a força do seu campo magnético cria um escudo em que nenhuma negatividade consegue penetrar. Então qualquer negatividade lançada sobre você não vai tocá-lo; será logo rebatida pelo seu campo magnético de sentimento, sem afetá-lo.

Por outro lado, se uma pessoa lança algo negativo sobre você, e você sente o que ela disse, então seus sentimentos acabam sendo abatidos, porque a negatividade rompeu o seu campo magnético. Só há uma coisa a fazer quando isso acontece: encontrar uma forma educada de se afastar, a fim de se recuperar e voltar a sentir coisas boas. Dois campos negativos se multiplicam exponencialmente quando entram em contato um com o outro, e nada de bom sai desse encontro. Você já deve saber isso por experiência própria; dois campos negativos juntos são um desastre!

"Água barrenta, deixa assentar que se torna clara."

Lao-Tsé (POR VOLTA DO SÉCULO VI A.C.)

FUNDADOR DO TAOISMO

Se você estiver se sentindo triste, decepcionado, frustrado ou tomado por qualquer outra emoção negativa, então estará olhando para o mundo através desse campo de sentimento e ele lhe parecerá triste, decepcionante ou frustrante. Não é

RESUMINDO O PODER

- *A cada pessoa com quem você entra em contato ou está dando amor ou não está. Baseado no que você dá, é isso que vai receber.*

- *Dê amor a outros por meio de bondade, incentivo, apoio, gratidão ou qualquer sentimento bom, e isso vai retornar a você multiplicado em todas as áreas da sua vida.*

- *Procure encontrar as coisas que ama num relacionamento em vez de ficar reparando nas coisas negativas. Então, algo incrível parecerá ter acontecido com a outra pessoa.*

- *Tentar mudar o outro, achando que você está certo e que sabe o que é melhor para ele, não é dar amor!*

- *Criticar, culpar, reclamar, resmungar ou apontar os defeitos da outra pessoa não é dar amor!*

- *Você precisa estar feliz para receber as versões felizes das outras pessoas!*

- *A força do amor lhe apresenta uma gama de Personal Trainers Emocionais disfarçados de pessoas comuns, mas todos estão treinando você para escolher o amor!*

- *É possível você conseguir tudo que ama e quer procurando pelas coisas que ama nas outras pessoas e dizendo sim àquelas qualidades de todo o seu coração!*

- *Você não pode falar ou ouvir negatividade e ter bons sentimentos ao mesmo tempo!*

- *A vida lhe apresenta toda e qualquer pessoa e circunstância a fim de que você possa escolher o que ama e o que não ama. Quando reage a qualquer coisa, você está reagindo com seus sentimentos. E, ao sentir, você está escolhendo!*

- *Você não pode mudar uma situação negativa com sentimentos ruins. Se continuar a reagir negativamente, seus maus sentimentos vão se ampliar e multiplicar a negatividade.*

- *Se estiver se sentindo maravilhosamente bem, a força do seu campo magnético cria um escudo em que nenhuma negatividade pode penetrar.*

- *Mudar a maneira como se sente é mais fácil do que ficar desesperado tentando mudar as circunstâncias do mundo exterior. Mude os seus sentimentos, e as circunstâncias vão mudar também!*

- *Quanto mais você dá amor e sente amor, mais magnético o seu campo se torna e mais se expande, atraindo tudo e todos que ama em sua direção!*

O PODER E A SAÚDE

"Forças naturais dentro de nós são a verdadeira cura das doenças."

Hipócrates (CERCA DE 460 A.C.–CERCA DE 370 A.C.)

PAI DA MEDICINA OCIDENTAL

O que significa ser saudável? Talvez você pense que significa não estar doente, mas ser saudável é muito mais que isso. Se você se sente razoável, na média ou nada de especial, você não é saudável.

Ser saudável é se sentir como uma criança. Crianças transbordam energia o dia inteiro. Seus corpos são leves e flexíveis; movimentam-se sem qualquer esforço. O andar tem leveza. As mentes são puras, felizes e livres de preocupações e estresse. Dormem bem e em paz todas as noites e acordam renovadas, como se tivessem um corpo novinho em folha. Sentem paixão e alegria de viver a cada dia. Olhe para as crianças e você perceberá o que significa ser saudável de verdade. É a maneira como você costumava se sentir, e é assim que você *ainda* deveria estar se sentindo!

Você deve se sentir dessa forma a maior parte do tempo, porque saúde ilimitada está sempre a seu alcance por meio da força do amor! Nada lhe é negado em momento algum. Tudo que quiser é seu, e isso inclui saúde ilimitada. Mas você precisa abrir a porta para receber isso!

No Que Você Acredita?

"Porque, como imaginou no seu coração, assim é ele."

Rei Salomão (CERCA DE 1050 A.C.–CERCA DE 931 A.C.)

REI BÍBLICO DE ISRAEL, EM PROVÉRBIOS 23:7

Estas são algumas das palavras mais sábias já proferidas, mas o que elas significam?

O que você pensa em seu coração é o que você acredita ser verdade. Crenças são simplesmente pensamentos repetidos com fortes sentimentos associados a eles, como "eu vivo pegando resfriados", "tenho um estômago sensível", "é difícil emagrecer", "sou alérgico a isso", "café me mantém acordado à noite". Tudo isso são crenças, e não fatos. Uma crença é quando você já decidiu mentalmente, deu o veredito, trancou a porta e jogou a chave fora, sem deixar espaço para negociação. O que quer que acredite ser verdade o *será* para você, não importa que suas crenças o ajudem ou o prejudiquem. Toda crença que você transmite vai retornar para você, pela lei da atração.

Muitas pessoas têm mais receios sobre doenças do que crenças sobre saúde. Isso não surpreende, graças à atenção que as doenças costumam receber, e você vê isso todos os dias. Apesar dos avanços da medicina, as doenças estão aumentando porque as pessoas têm cada vez mais medo de ficar doentes.

Você tem mais sentimentos positivos sobre saúde do que sentimentos negativos sobre doenças? Você acredita mais em saúde para a vida toda do que na inevitabilidade da doença? Se acredita que seu corpo vai se deteriorar com a idade e que a doença é inevitável, você está gerando essa crença, e a lei da atração retornará isso para você em forma de circunstâncias e do estado de sua saúde e seu corpo.

> *"O que eu temia me sobreveio; o que eu receava me aconteceu."*
>
> *Bíblia*
>
> JÓ 3:25

O efeito placebo na medicina comprova o poder das crenças. Em pesquisas, um grupo de pacientes recebe remédios reais para tratamento e o outro recebe placebo – uma pílula de açúcar ou falsa –, mas ninguém no estudo sabe quem recebe o comprimido falso para tratar os sintomas. Mesmo assim, o grupo que recebe o placebo muitas vezes relata melhoras significativas e redução ou até mesmo o fim dos sintomas. Os resultados surpreendentes do efeito placebo muitas vezes demonstram o poder das crenças em nosso corpo. O que você *dá* a seu corpo com suas crenças ou sentimentos fortes, você *recebe* em seu corpo.

Todo sentimento que você tem preenche cada célula e órgão do seu corpo. Quando possui sentimentos bons, você está dando amor e receberá saúde através do seu corpo numa intensidade espantosa. Quando tem sentimentos ruins, a tensão causa uma contração em seus nervos e células, a produção química vital do seu corpo muda, os vasos sanguíneos se contraem, a respiração se torna superficial e tudo isso reduz a força da saúde em seu organismo. A doença é simplesmente o resultado de um corpo que não anda confortável durante um longo período, por causa de sentimentos negativos como estresse, preocupação e medo.

"Suas emoções afetam todas as células do seu corpo. Mente e corpo, o mental e o físico, são interligados."

Thomas Tutko (1931–)

PSICÓLOGO ESPORTIVO E AUTOR

O Mundo Dentro do Seu Corpo

Há um mundo inteiro dentro de você! Para descobrir o poder que exerce sobre o seu corpo, você precisa conhecer esse mundo – porque ele está totalmente sob o seu controle!

Todas as células do seu corpo desempenham um papel e trabalham juntas pelo único propósito de lhe dar vida. Algumas células são líderes de determinados órgãos e administram e dirigem todas as células trabalhadoras de sua região, como coração, cérebro, fígado, rins e pulmões. A célula-líder gerencia todas as outras células que trabalham naquele órgão, assegurando a ordem e a harmonia, a fim de que funcionem bem. Células-patrulha viajam por quase 100 mil quilômetros de vasos sanguíneos, a fim de manter a ordem e a paz. Quando ocorre alguma perturbação, como um arranhão na pele, as células patrulheiras emitem um alerta na mesma hora e a equipe apropriada para aquele reparo se apressa até a área afetada. Para um arranhão, o primeiro a chegar é o time da coagulação, que trabalha para interromper o fluxo de sangue. Depois que o trabalho deles é concluído, as equipes do tecido e da pele começam a restaurar a área, remendando o tecido e selando a pele.

Se seu corpo é invadido por um intruso, como uma infecção bacteriana ou vírus, as células de memória fazem na mesma hora um registro (instantâneo) do invasor. Esses registros são conferidos com seus arquivos para ver se são idênticos aos invasores anteriores. Se forem iguais, as células de memória imediatamente notificam a equipe de ataque responsável por destruir o invasor. Se não tiver ocorrido uma invasão igual antes, as células de memória abrem um novo arquivo sobre o intruso, e *todas* as equipes de ataque são convocadas para destruí-lo. A equipe que for bem-sucedida é registrada pelas células de memória em seus arquivos. Se o invasor voltar, elas já saberão com quem estão lidando e como podem destruí-lo de novo.

Se por alguma razão uma célula do seu corpo começar a mudar de comportamento e parar de trabalhar para o bem do organismo, as células-patrulha chamam o time de resgate. Se for necessário um determinado composto químico para recuperá-la, ele é encontrado dentro de sua própria farmácia natural. Você tem uma farmácia completa operando dentro de você, que pode produzir todo tipo de composto químico para curar doenças que uma indústria farmacêutica consegue fabricar.

Todas as células devem trabalhar em equipe, 24 horas por dia, sete dias por semana, para o resto da vida. O único objetivo delas é manter a vida e a saúde do seu organismo. Você tem cerca de 100 trilhões de células em seu corpo. São 100.000.000.000.000 de células que trabalham sem parar a fim de lhe dar vida! Todos esses 100 trilhões de células estão sob o seu comando, e você lhes dá ordens e instruções com seus pensamentos, sentimentos e crenças.

Tudo em que você acredita sobre o seu corpo, suas células acreditam também. Não questionam nada que você pensa, sente ou crê. Na verdade, escutam cada pensamento, sensação e crença que você tem.

Se você pensar ou disser: "Eu sempre sofro com a diferença de fuso horário quando viajo", suas células recebem jet lag como uma ordem e vão levar a cabo essas instruções. Pense e sinta que você tem engordado com facilidade e suas células receberão a ordem de aumentar seu peso. Elas têm que seguir as instruções e manter seu corpo na condição de obeso. Se tiver medo de pegar uma doença e suas células receberem essa mensagem, elas imediatamente se ocuparão em criar os sintomas da tal doença. A resposta de suas células a todos os seus comandos emocionais nada mais é que a lei da atração em funcionamento dentro do seu corpo.

"Pense na imagem perfeita de todos os seus órgãos, e as sombras da doença nunca vão tocá-lo."

Robert Collier (1885–1950)

AUTOR DO NOVO PENSAMENTO

O que você quer? O que iria amar? Porque é isso que deve dar a seu corpo. Suas células são seus súditos mais leais, que servem a você sem questioná-lo, então tudo que você pensa ou sente se torna lei no seu corpo. Se quiser se sentir tão bem quanto quando era criança, dê a suas células estes comandos: "Eu me sinto muito bem hoje", "Estou cheio de energia", "Tenho visão perfeita", "Posso comer o que quiser e manter meu peso ideal", "Durmo como um bebê todas as noites". Você é o senhor do seu reino e tudo que pensa e sente se torna lei dentro do seu corpo.

O Poder do Seu Coração

"Em certo sentido, o homem é um microcosmo do universo. Portanto, o que o homem for será a chave do universo."

David Bohm (1917–1992)

Físico quântico

O interior do corpo é um mapa exato do sistema solar e do universo. O coração é o Sol e o centro do sistema do corpo. Os órgãos são os planetas e, como os planetas dependem do Sol para permanecer em equilíbrio e harmonia, os órgãos do corpo também dependem do coração para permanecer em equilíbrio e harmonia.

Cientistas do Instituto HeartMath na Califórnia mostraram que sentir amor, gratidão e apreço estimula o sistema imunológico; aumenta a produção de elementos químicos vitais; aumenta a vitalidade e o vigor físico; reduz os níveis do hormônio do estresse, a pressão alta, a ansiedade, a culpa e o desânimo; e melhora a regulação de glicose em diabéticos. Sentimentos de amor também criam um grau mais alto de harmonia no ritmo do seu coração. O HeartMath mostrou que o campo magnético do coração é 5 mil vezes mais poderoso que o do cérebro e alcança vários metros além do corpo.

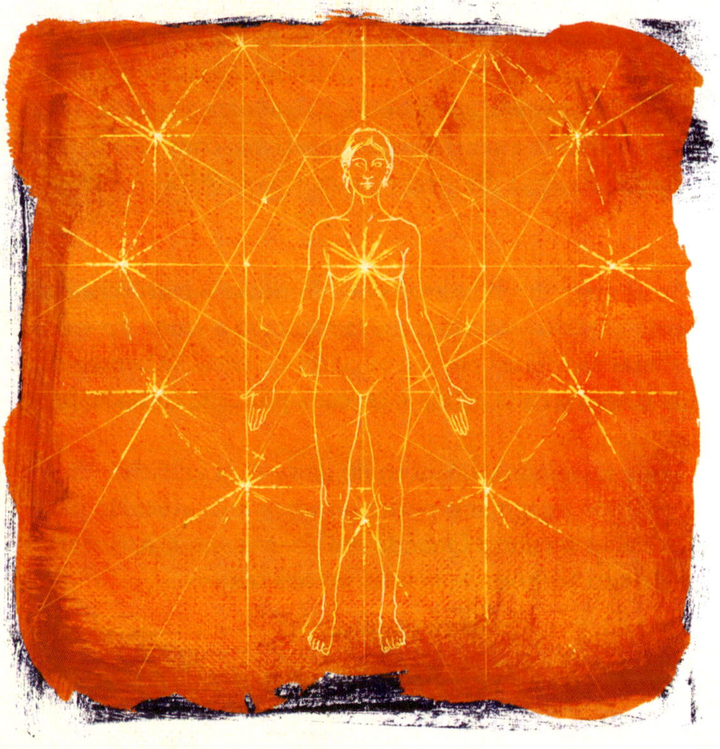

Outros cientistas estão revolucionando nossa compreensão do efeito do amor na saúde por meio de experiências com água. O que a água tem a ver com a saúde? Seu corpo é composto por 70% de água! O interior da cabeça é 80% água!

Pesquisadores no Japão, na Rússia e nos Estados Unidos descobriram que, quando a água é exposta a palavras e sentimentos positivos, como amor e gratidão, seu nível de energia não só aumenta, como também sua estrutura se modifica, tornando-se mais harmoniosa. Quanto maior o sentimento positivo, mais bela e harmônica a água se torna. Quando exposta a sentimentos negativos, como ódio, o nível de energia da água diminui e mudanças caóticas ocorrem, afetando negativamente sua estrutura.

Se as emoções humanas podem mudar a estrutura da água, imagine o que os sentimentos fazem com a saúde do seu corpo! As células são feitas em maior parte de água! O centro de cada célula é água e cada célula é cercada por uma camada de água.

Pode imaginar o impacto do amor e da gratidão em seu corpo? Pode imaginar o poder do amor e da gratidão para restabelecer a saúde? Quando você sente amor, isso afeta a água de 100 trilhões de células no seu corpo!

Como Usar o Poder do Amor para Ter uma Saúde Perfeita

"Onde houver o amor maior,
sempre haverá milagres."

Willa Cather (1873–1947)

ESCRITORA E VENCEDORA DO PRÊMIO
PULITZER DE LITERATURA

Para receber a saúde que você quer e ama, dê amor! Ao enfrentar qualquer doença, gere bons sentimentos sobre ser saudável, porque somente o amor traz a saúde perfeita. Você não pode ter sentimentos ruins sobre doença e receber saúde. Se você odeia ou teme uma enfermidade, você estará dando sentimentos ruins, e ela nunca vai embora por meio deles. Quando você gera pensamentos e sentimentos sobre o que mais deseja, suas células recebem a força total da saúde. Quando dá pensamentos negativos daquilo que não quer, a força da saúde para suas células diminui! Não importa se você se sente mal em relação a um assunto que não tem nada a ver com saúde – ter sentimentos ruins reduz a força da saúde no seu corpo. Por outro lado, quando sente amor por qualquer coisa – um dia de sol, uma casa nova, a presença de um amigo ou uma promoção no trabalho – seu corpo recebe a força total da saúde.

A gratidão é a grande multiplicadora, portanto *agradeça* por sua saúde todos os dias. Nenhum dinheiro do mundo é capaz de comprá-la, porque é um presente da vida, então mais do que tudo, seja grato por ela! Esse é o melhor plano de saúde que você pode ter: a gratidão é a garantia de uma vida saudável!

Seja grato por seu corpo, em vez de procurar defeitos nele. Toda vez que pensar em algo de que não gosta no seu corpo, lembre-se de que a água dentro dele está recebendo esses sentimentos. Em vez de reclamar, *agradeça* de coração por aquilo de que gosta em seu corpo e ignore as coisas de que não gosta.

"O amor atrai mais amor."

Santa Teresa de Ávila (1515–1582)

Freira, mística e escritora

Antes de comer ou beber, olhe para o que você está prestes a ingerir e sinta amor e gratidão. Faça questão de ter conversas positivas enquanto estiver sentado à mesa para uma refeição.

Abençoar a comida gera amor e gratidão pelo que se come. Ao abençoá-la, você muda a estrutura da água na comida e o efeito dela em seu corpo. Abençoar a água com amor e gratidão faz a mesma coisa. Seus sentimentos positivos de amor podem mudar a estrutura da água em tudo, então use esse poder.

Você usa os poderes do amor e da gratidão que dá ao receber todo tipo de tratamento médico. Se você pode se imaginar bem de saúde, você pode se *sentir* saudável, e, se consegue sentir, você pode receber. Para que sua saúde melhore, tudo que precisa fazer é dar amor em mais de 50% do tempo. Bastam 51% para que comecem a fazer diferença, pendendo a balança mais para o lado da saúde do que da doença.

Quando estiver examinando a vista, medindo a pressão, fazendo um checkup geral, recebendo resultados ou qualquer coisa relacionada à saúde, é muito importante que esteja se sentindo bem durante a consulta e no momento em que pega os resultados, a fim de obter boas notícias. Pela lei da atração, o resultado das consultas ou exames deve estar na mesma frequência em que você se encontra, portanto, para ter o resultado que você deseja, você precisa estar na frequência de recebê-lo! A vida não acontece na direção contrária. O resultado de cada situação na sua vida sempre estará em sintonia com sua frequência, porque essa é a lei da atração! Para se sintonizar numa frequência de sentimento bom em relação a um exame, imagine o resultado que você quer e sinta que já recebeu o prognóstico desejado. Todo tipo de resultado é possível, mas você precisa estar numa frequência de sentimento bom para receber bons resultados.

"Possibilidades e milagres significam a mesma coisa."

Prentice Mulford (1834–1891)
AUTOR DO NOVO PENSAMENTO

Imagine e sinta-se tendo a saúde que você deseja. Se quer voltar a enxergar bem, gere amor por uma visão perfeita e imagine-se com ela. Gere amor por uma audição perfeita e imagine-se tendo isso. Gere amor por um peso ideal, um corpo perfeito, a saúde perfeita de um órgão e imagine-se tendo isso; e seja completamente grato por tudo que já tem! Seu corpo vai se transformar naquilo que quiser, mas só pode fazer isso por meio de sentimentos de amor e gratidão.

Quando uma jovem atlética soube que tinha uma doença cardíaca rara, sua vida desmoronou. De repente, sentiu-se fraca, frágil. Seu futuro – uma vida normal e saudável – desapareceu com o diagnóstico. Ela ficou aterrorizada com a possibilidade de deixar suas duas filhas sem mãe. Mas essa mulher decidiu que faria todo o possível para curar seu coração.

Ela se recusou a alimentar qualquer pensamento negativo sobre seu coração. Colocava a mão direita sobre o peito todos os dias e imaginava o coração sendo forte e saudável. Todas as manhãs, ao acordar, agradecia profundamente pela força e saúde de seu coração. Imaginava os cardiologistas dizendo que ela estava curada. Fez isso todos os dias durante quatro meses e, quando os médicos examinaram seu coração, ficaram estupefatos. Verificaram e repetiram os testes anteriores e os atuais, que mostravam o coração da mulher 100% forte e saudável.

Aquela jovem viveu de acordo com a lei da atração do amor. Não assumiu o prognóstico do coração doente em sua mente, em vez disso, gerou amor para um coração saudável, apropriando-se então de um coração saudável. E foi o que ela recebeu. Se você estiver enfrentando qualquer tipo de doença, faça o melhor possível para não se apropriar dela com seus pensamentos e palavras. Tampouco odeie a doença, porque isso gera negatividade. Em vez disso, gere amor pela saúde e se aproprie dela.

"Não fique remoendo pensamentos sobre sua doença. Pense em força e poder para atrair isso até você. Pense em saúde e você a terá."

Prentice Mulford (1834–1891)
AUTOR DO NOVO PENSAMENTO

Toda vez que você sente amor por sua saúde, a força do amor elimina negatividade em seu corpo! Se achar difícil sentir-se bem acerca de sua saúde, basta que você sinta amor por algo, então cerque-se de tudo que ama e use isso para se sentir o melhor possível. Use tudo que puder no mundo exterior para sentir amor. Veja filmes que o fazem rir e se sentir bem, e não filmes que o deixam tenso ou triste. Escute músicas que lhe trazem bons sentimentos. Peça às pessoas que lhe contem piadas ou histórias engraçadas sobre seus momentos mais vergonhosos. Você sabe as coisas que ama. As suas favoritas. Sabe o que o faz feliz, portanto utilize-as para se sentir o melhor possível. Use o Processo de Criação. Use as Chaves para o Poder. Lembre-se de que basta dar amor e sentimentos bons em 51% do tempo para atingir o ponto de partida para mudar tudo!

Se você quer ajudar uma pessoa que está doente, use o Processo de Criação para imaginar e sentir que ela está tendo a saúde totalmente restabelecida. Embora você não tenha mais poder que aquela pessoa sobre a lei da atração a respeito dela própria, seu poder pode ajudá-la a se elevar a uma frequência em que ela possa receber saúde.

A Beleza Vem do Amor

> *"À medida que o amor cresce em você, a beleza vai crescendo também. Porque o amor é a beleza da alma."*
>
> Santo Agostinho de Hipona (354–430)
>
> Teólogo e bispo

Toda beleza vem da força do amor. Uma beleza infinita está disponível para você por meio do amor, mas o problema é que a maioria das pessoas encontra defeitos e critica seu corpo mais do que o valoriza. Olhar para os defeitos e se sentir infeliz por qualquer coisa que seu corpo faça não traz beleza até você! Tudo o que traz são mais defeitos e mais infelicidade.

A indústria da beleza é enorme, embora uma beleza infinita seja derramada em você a cada segundo. Mas é preciso dar amor para recebê-la! Quanto mais feliz você for, mais bonito será. As rugas vão diminuir; a pele vai se tornar mais firme e viçosa; o cabelo, mais forte e volumoso; os olhos, mais brilhantes e com a cor mais intensa. Acima de tudo, você verá a prova de que a beleza vem do amor, quando as pessoas se sentirem atraídas por você aonde quer que vá.

Você Realmente Tem a Idade Que Sente Ter

Textos milenares dizem que as pessoas viviam centenas e centenas de anos. Algumas viviam 800 anos; outras, 500 ou 600 anos, mas a longevidade era comum. O que mudou? As pessoas mudaram suas crenças. Em vez de acreditarem ser possível viver por centenas de anos, deixaram de acreditar nisso ao longo de gerações, e passaram a crer numa expectativa de vida reduzida.

Acabamos herdando essas crenças de uma expectativa de vida reduzida. Desde o momento em que nascemos, a crença sobre até quantos anos podemos viver já está entranhada em nossos corações e mentes. A partir disso, literalmente programamos nosso corpo desde a infância para viver até certo tempo, e nosso corpo envelhece de acordo com a forma como nós o programamos.

> *"Na biologia, não foi encontrado ainda nada que prove a inevitabilidade da morte. Isso me sugere que morrer não é inevitável e que é apenas uma questão de tempo até que biólogos descubram o que está nos causando esse problema."*
>
> Richard Feynman (1918–1988)
>
> FÍSICO QUÂNTICO, VENCEDOR DO PRÊMIO NOBEL

Procure não estabelecer um limite para sua longevidade. Basta que uma pessoa rompa os limites da expectativa de vida para que ela mude o curso da longevidade de toda a raça humana. As pessoas vão começar a segui-la, porque, quando alguém viver muito além da expectativa de vida atual, outras vão acreditar e sentir que podem fazer o mesmo. E viverão muitos anos!

Quando você acredita e sente que o envelhecimento e a deterioração do corpo são inevitáveis, isso acaba acontecendo. As células, os órgãos e o seu corpo recebem suas crenças e sentimentos. *Sinta-se* jovem e pare de sentir sua idade. Sentir a idade é apenas uma crença que lhe foi imposta e uma programação que você deu a seu corpo. Você pode mudar o comando que está dando a qualquer momento ao mudar aquilo em que acredita!

Como mudar suas crenças? Gerando amor! Crenças negativas, como crenças em limitação, envelhecimento ou doença, não vêm do amor. Quando você gera amor e se sente bem, o amor dissolve toda a negatividade, incluindo as crenças que lhe fazem mal.

"O amor que jorra para todos é o verdadeiro elixir da vida: a fonte da longevidade do corpo. A falta de amor é o que sempre produz a sensação da idade."

Josiah Gilbert Holland (1819–1881)

AUTOR

O Amor É a Verdade

Quando você era criança, possuía flexibilidade e fluidez porque ainda não tinha formado ou aceitado tantas crenças negativas na vida. À medida que ficou mais velho, você foi adotando mais sentimentos de limitação e negatividade, que o tornaram mais acomodado e inflexível. Isso não é uma vida maravilhosa; é uma vida limitada.

Quanto mais amar, mais a força do amor vai dissolver a negatividade em seu corpo e em sua mente. Você pode sentir o amor dissolvendo tudo que é negativo quando está feliz, grato e exultante. Dá para sentir isso! Você se sente leve, invencível, no topo do mundo.

Ao dar mais e mais amor, você percebe o início das mudanças em seu corpo. A comida vai ter um gosto melhor, as cores ficarão mais fortes, os sons se tornarão mais nítidos, as pintas e as manchas vão começar a clarear e desaparecer. Seu corpo se tornará mais flexível; a sensação de estar "enferrujado" vai sumir. Quando você der amor e vivenciar milagres em seu corpo, não terá dúvidas de que o amor é a fonte da saúde!

O Amor Está por Trás de Todos os Milagres

Todos os milagres são a força do amor em ação. Milagres acontecem quando ignoramos a negatividade e nos concentramos apenas no amor. Mesmo que você tenha sido um pessimista a vida inteira, nunca é tarde para mudar.

Pessimista é exatamente como um homem se descrevia. Quando ele recebeu a notícia inesperada de que sua esposa estava grávida do terceiro filho, todos os seus pensamentos se voltaram para o impacto negativo que essa criança teria na vida deles. O que ele não percebeu foi quanto esses pensamentos e sentimentos negativos geraram consequências.

Mais ou menos na metade da gravidez, a esposa teve que ser levada às pressas ao hospital para fazer uma cesariana de emergência. Três especialistas disseram que, com 23 semanas de gestação, o bebê não tinha chances de sobreviver. O homem caiu de joelhos, arrasado. Nunca esperou que pudesse perder um filho.

Após o parto, esse pai foi ver a criança, o menor bebê que já tinha visto. Seu filho nasceu com apenas 25 centímetros e 340 gramas. A equipe médica tentava inflar o pulmão do bebê com um ventilador, mas sua frequência cardíaca estava caindo. O especialista disse que não havia mais nada a fazer. O pai gritou em pensamento: "Por favor!" Naquele exato momento, o ventilador inflou os pulmões do menino e o coração começou a bater mais forte.

Dias se passaram. Todos os médicos no hospital diziam que o bebê não sobreviveria. Mas este homem, que havia sido pessimista a vida inteira, começou a imaginar o que queria.

Todas as noites, quando ia dormir, imaginava a luz do amor iluminando seu filho. Ao acordar de manhã, agradecia a Deus porque seu filho havia sobrevivido aquela noite.

A cada dia, seu filho progredia, superando cada obstáculo. Após quatro meses exaustivos na unidade de terapia intensiva neonatal, ele e sua esposa conseguiram levar o filho deles – que inicialmente tinha recebido 0% de chance de sobreviver – para casa.

O amor está por trás de todos os milagres.

RESUMINDO O PODER

- *O que você dá continuamente a seu corpo com suas crenças ou sentimentos fortes, você recebe em seu corpo. Todo sentimento satura cada célula e órgão do seu corpo.*

- *Você é senhor de um reino, e suas células são seus súditos mais leais, servindo a você sem questioná-lo. Portanto tudo o que você sente e pensa se torna lei em seu reino – a lei do seu corpo.*

- *Quando você gera sentimentos e pensamentos negativos sobre o que não quer, a força da saúde para suas células se reduz! Quando sente amor por qualquer coisa – um dia de sol, uma casa nova, a presença de um amigo ou uma promoção –, seu corpo recebe a força total da saúde.*

- *A gratidão é a grande multiplicadora, portanto agradeça por sua saúde, todos os dias.*

- *Agradeça de todo o coração pelo que gosta em seu corpo e ignore as coisas de que não gosta.*

- *Para sua saúde melhorar, gere amor pela saúde mais de 51% do tempo. Bastam 51% para que sua saúde comece a pender mais para a cura do que para a doença.*

- *Se você está enfrentando uma doença, faça o possível para não se transformar nela com pensamentos e palavras. Em vez disso, dê amor à saúde, assuma-a e se aproprie dela.*

- *Gere amor pelo peso ideal, pelo corpo perfeito, pela saúde total de um órgão e imagine-se tendo isso, sendo grato por tudo que tem!*

- *Ao acreditar que seu corpo vai se deteriorar com a idade, você gera essa crença, e a lei da atração retorna essas circunstâncias para você.*

- *Sinta-se jovem e pare de sentir sua idade.*

- *Seu corpo vai se transformar naquilo que você quer por meio de sentimentos de amor e gratidão.*

O PODER E VOCÊ

"O poder para a felicidade, para o bem e para tudo de que precisamos na vida está dentro de cada um de nós. O poder está lá – um poder ilimitado."

Robert Collier (1885–1950)

AUTOR DO NOVO PENSAMENTO

Tudo tem uma frequência – tudo! Cada palavra, cada som, cor, árvore, animal, planta, mineral, cada objeto tem uma frequência. Todo tipo de comida e líquido também. Todo lugar, cidade e país têm uma frequência. Os elementos ar, fogo, terra e água têm frequências. Saúde, doença, riqueza, falta de dinheiro, sucesso e fracasso, tudo isso tem frequências. Cada evento, situação e circunstância. Até o seu nome tem uma frequência. Mas o verdadeiro nome de sua frequência é o que você está sentindo! Aquilo que você sente traz *tudo* que está numa frequência semelhante para a sua vida.

Quando você se sente feliz e permanece assim, apenas pessoas, circunstâncias e eventos felizes vêm para a sua vida. Se você se sente estressado o tempo todo, então somente mais estresse pode vir à sua vida por meio de pessoas, circunstâncias e eventos. Você já deve ter visto isso acontecer quando estava com pressa, atrasado. A pressa é um sentimento negativo e, é fato, sempre que está com pressa e tem medo de chegar atrasado, acaba trazendo todo tipo de demora e obstáculo ao seu caminho. É a lei da atração agindo em sua vida.

Está vendo como é importante se sentir bem antes de começar o dia? Se não separar alguns minutos ao acordar para se sentir bem, não conseguirá receber coisas boas no seu dia. E, uma vez que as coisas negativas chegam, é preciso muito mais esforço para mudá-las, porque, quando aparecem, você realmente acredita nelas! É muito mais fácil usar alguns momentos no início do dia para se sentir bem, a fim de que as coisas ruins nem apareçam. Você pode mudar qualquer coisa ao modificar a maneira como se sente, mas não é melhor ter mais coisas boas na sua vida logo?

Assista ao Filme da Sua Vida!

A vida é mágica! O que acontece num dia em sua vida é mais mágico do que qualquer filme de fantasia que você possa ver, mas você precisa *olhar* para o que está acontecendo, tão concentrado quanto fica quando assiste a um filme. Se está vendo um filme na televisão e se distrai por causa de um telefonema ou pega no sono, você perde a cena. É a mesma coisa com o filme da sua vida, que é exibido o tempo todo na tela do seu dia. Se anda por aí adormecido em vez de estar alerta, você está perdendo as mensagens e sincronicidades que estão constantemente falando com você, guiando-o e dirigindo-o.

A vida responde a você. A vida se comunica com você. Não existem acidentes ou coincidências: todas as coisas têm uma frequência, e quando algo vem para a sua vida, significa que está na mesma frequência que você emite. Tudo que você vê – cada sinal, cor, pessoa, objeto –, tudo que ouve, toda circunstância e acontecimento está na sua frequência.

> *"Tão surpreendentes são os fatos nesta conexão, parece até que o próprio Criador planejou eletricamente este planeta."*
>
> Nikola Tesla (1856–1943)
>
> INVENTOR DO RÁDIO E DA CORRENTE ALTERNADA

Quando está dirigindo e vê uma viatura da polícia, na mesma hora você fica mais alerta. Há uma razão para você ter visto o carro – é a vida dizendo a você: "Seja mais alerta!" Ver a viatura talvez possa significar até mais para você, então é preciso se perguntar "O que isto está me dizendo?" para obter a resposta. A polícia representa lei e ordem, então pode ser uma mensagem de que há algo desordenado em sua vida, mesmo que seja um fato simples como ter esquecido de retornar o telefonema de um amigo ou não agradecer a alguém por uma ajuda.

Quando você escuta a sirene de uma ambulância, o que isso lhe diz? Que pode ser mais grato por sua saúde? Que deve se lembrar de dar amor e agradecer pela saúde das pessoas em sua vida? Quando vê um carro de bombeiros passar com as luzes e a sirene ligadas, o que isso transmite a *você*? Que há um incêndio em alguma área de sua vida que precisa ser apagado? Ou que deve acender o fogo do amor? Só você pode saber o significado das coisas que são atraídas para sua vida, mas é necessário que esteja alerta ao que está acontecendo à sua volta, para que faça as perguntas e receba o significado das mensagens que chegam até você.

Você tem recebido mensagens e comentários durante *toda* a sua vida! Sempre que escuto alguma coisa, mesmo que sejam trechos de uma conversa entre dois estranhos sentados perto de mim, se posso escutá-los, suas palavras têm algum significado. São uma mensagem para mim, são relevantes e me dão uma resposta sobre a minha vida. Se estou viajando e noto uma placa e leio o que está escrito nela, tais palavras têm significado, são uma mensagem e são relevantes para mim. São relevantes porque estou na mesma frequência que elas. Se eu estivesse numa frequência diferente, não teria reparado na placa nem estaria próxima o bastante daquelas pessoas para ouvir a conversa delas.

Tudo que me cerca no dia a dia fala comigo, dando-me respostas e mensagens constantes. Se percebo que as pessoas à minha volta não estão tão felizes e sorridentes quanto costumavam ser, sei que minha frequência de sentimento caiu e imediatamente começo a pensar nas coisas que amo, uma atrás da outra, até me sentir mais feliz.

> *"Seja a mudança que você quer ver no mundo."*
>
> Mahatma Gandhi (1869–1948)
>
> LÍDER POLÍTICO INDIANO

Seu Símbolo Secreto

Você pode brincar com a lei da atração pedindo evidências físicas da força do amor. Pense em algo que ama e faça disso o seu símbolo da força do amor. Sempre que vir ou escutar esse símbolo, saberá que a força do amor está com você. Eu uso a força e o brilho da luz como meu símbolo, então, se o sol bate em meus olhos ou vejo a sua luz refletida ou se percebo o brilho de um objeto ao refletir a luz, eu sei que é a força do amor e ela está comigo. Quando transbordo de felicidade e amor, a luz se reflete em tudo à minha volta. Minha irmã usa o arco-íris como símbolo e, quando ela está transbordando de amor e gratidão, sempre vê um arco-íris no céu ou alguma representação dele ao seu redor. Você pode adotar como símbolo estrelas, ouro, prata ou qualquer cor, animal, pássaro, árvore ou flor que ama. Também pode escolher palavras ou sons como seu símbolo secreto. Apenas certifique-se de que sua escolha seja algo que você ame muito.

Você também pode escolher um símbolo como sinal de alerta da força do amor dizendo-lhe para prestar atenção. Na verdade, você recebe mensagens e alertas o tempo todo. Quando deixa algo cair, tropeça, quando anda e sua roupa fica presa em algum lugar, quando esbarra em algo, tudo isso são alertas e mensagens para que você interrompa um pensamento ou sentimento! Não há acidentes ou coincidências na vida – tudo é sincronicidade –, porque tudo tem uma frequência. É a física da vida e do universo em ação.

> *"Quando olho para o sistema solar, vejo a Terra na distância perfeita em relação ao Sol para receber as quantidades certas de calor e luz. Isso não aconteceu por acaso."*
>
> Isaac Newton (1643–1727)
>
> MATEMÁTICO E FÍSICO

A Vida É Mágica

O amor e eu temos um caso, e é a relação mais mágica e excitante que alguém pode ter. Quero contar a vocês como eu vivo essa experiência todos os dias.

Todas as manhãs, agradeço por estar viva e por todas as pessoas e coisas na minha vida. Passo 15 minutos sentindo amor e enviando amor ao mundo.

Imagino meu dia. Imagino e sinto amor pelo dia que sei que vai correr bem. Imagino e sinto amor por cada atividade no meu dia, antes de começá-la. Coloco a força do amor à frente de tudo que faço, ao sentir amor dentro de mim o máximo possível *antes* de fazer qualquer coisa! Não abro e-mails ou pacotes, nem faço ou recebo telefonemas importantes, nem executo qualquer tarefa antes de me sentir bem.

Quando me visto para sair de manhã, sinto uma enorme gratidão pelas minhas roupas. Para economizar tempo, também me pergunto: "Qual é a roupa perfeita que vou vestir hoje?" Alguns anos atrás, decidi jogar com a lei da atração e meu guarda-roupa. Em vez de ficar pensando se uma saia combinava com determinada blusa, experimentando e tirando várias peças que não combinavam (o que atrai mais coisas que não dão certo), decidi entregar minhas decisões de moda à força do amor. Então tudo que fiz foi imaginar como seria me *sentir* como se qualquer roupa escolhida ficasse perfeita. Depois que passei a imaginar e sentir isso e fazer a pergunta "O que vou vestir hoje?", fico maravilhada de ver como as roupas ficam lindas em mim e me fazem sentir ótima quando me arrumo.

Sempre fico alerta ao caminhar pela rua e reparo nas pessoas que passam por mim. Envio pensamentos e sentimentos de amor para o máximo de pessoas possível. Olho no rosto de cada uma delas, sinto amor dentro de mim e as imagino recebendo isso. Sei que a força do amor é a fonte de abundância de dinheiro, relacionamentos felizes, ótima saúde e tudo que todos amam, portanto envio amor às pessoas, porque sei que ao fazer isso estou enviando aquilo que elas precisam ter.

Quando vejo uma pessoa que parece ter uma necessidade específica, alguém que não tem dinheiro para comprar o que quer, por exemplo, eu lhe envio pensamentos de abundância de dinheiro. Se uma pessoa parece chateada, eu lhe transmito felicidade. Se alguém parece estar estressado e apressado, emito pensamentos de paz e alegria. Não importa que eu esteja fazendo compras no supermercado, andando na rua, dirigindo; sempre que me encontro entre outras pessoas, faço o possível para enviar o máximo de amor. Também sei que ver uma pessoa com uma necessidade em particular é uma mensagem para que eu me sinta grata pelo dinheiro, pela felicidade, pela paz e pela alegria em minha vida.

No avião, envio amor para todos ali. Num restaurante, transmito amor às pessoas e à comida. Ao lidar com instituições e empresas ou ao comprar em lojas, envio amor a elas também.

Quando entro no carro para ir a algum lugar, eu me imagino voltando para casa feliz e bem e digo: "Obrigada." Antes de dirigir, eu pergunto: "Qual é o melhor caminho?" Toda vez que atravesso minha porta, chegando ou saindo, agradeço pela casa que tenho. Quando faço compras no supermercado, pergunto: "Do que mais eu preciso?" e "Já peguei tudo mesmo?" e sempre recebo as respostas.

"Certamente o conhecimento é a tranca e a questão é a chave."

Ja'far al-Sadiq (702–765)
LÍDER ESPIRITUAL ISLÂMICO

Todo dia faço muitas perguntas, às vezes centenas. Pergunto: "Como estou hoje?", "O que deveria fazer nessa situação?", "Qual é a melhor decisão?", "Qual é a solução para este problema?", "Qual é a escolha ideal para mim?", "Esta é a pessoa ou empresa certa?", "Como posso me sentir melhor?", "Como posso elevar meus sentimentos?", "A que devo dar amor hoje?", "O que me deixa grata?".

Quando faz uma pergunta, você está *dando* uma questão e deve *receber* a resposta! Mas precisa estar alerta e consciente para ver ou ouvir as respostas. Você pode recebê-las por meio de algo que lê, escuta ou sonha. Pode ser que você descubra a resposta àquela pergunta de repente. Mas sempre vai recebê-la de alguma forma.

Se não consigo encontrar alguma coisa, como minhas chaves, pergunto: "Onde estão as minhas chaves?" e sempre recebo a resposta. Não para por aí. Quando as encontro, pergunto: "O que isso está me dizendo?" Em outras palavras, por que as perdi? Porque há uma razão para tudo! Não existem acidentes nem coincidências. Às vezes, a resposta que recebo é: "Vá com calma, você está se apressando demais." Em outras ocasiões, a resposta é: "Sua carteira não está na bolsa", e começo a observar o quarto onde achei as chaves e lá está a carteira. Algumas vezes não recebo uma resposta de imediato, mas, ao chegar à porta antes de sair de casa, o telefone toca e o compromisso é cancelado. Na mesma hora, sei que a perda das chaves aconteceu por uma razão positiva. Eu amo a forma como a vida funciona, mas você não tem como receber resposta ou retorno algum sem fazer perguntas!

Às vezes, a vida pode jogar algo traiçoeiro no meu caminho, mas sei que quando isso acontece fui eu quem atraí aquilo para mim. Sempre pergunto como trouxe o problema a fim de aprender com isso – de forma a não fazer a mesma coisa outra vez!

Para retribuir tudo que recebo, dou amor ao mundo o máximo possível. Procuro o que há de bom em tudo e em todos. Sou grata por tudo. Ao dar amor, sinto a força dele tomando conta de mim e me preenchendo com tanto afeto e alegria que até perco a respiração. Mesmo quando você tenta retribuir por tudo que recebeu, a força multiplica esse amor e retorna ainda *mais* amor para você! Quando isso acontecer pela primeira vez na sua vida, você nunca mais será o mesmo.

O Amor Faz Qualquer Coisa por Você

Você pode utilizar a força do amor em qualquer circunstância. Confie na força do amor para lembrá-lo disso quando precisar, no momento certo. Você pode pedir à força do amor que seja seu alarme e o acorde, como um despertador, no horário que quiser. A força do amor será sua assistente, gerente de finanças, personal trainer, conselheira e irá administrar seu dinheiro, seu peso, sua alimentação, seus relacionamentos ou qualquer outra tarefa que queira lhe dar. Mas isso só acontecerá quando você for capaz de se unir à força por meio do amor, da apreciação e da gratidão! Quando puder juntar forças com ela por meio do amor e abrir mão do medo e da ansiedade de tentar controlar a sua vida.

> *"À medida que sua fé se fortalece, você descobrirá que não há mais necessidade de ter controle, que as coisas vão fluir como devem e você vai fluir com elas, para seu grande deleite e benefício."*
>
> Wingate Paine (1915–1987)
>
> AUTOR E FOTÓGRAFO

Una forças com a maior força da vida. Tudo que quiser que a força do amor faça por você, imagine e sinta-se tendo aquilo com amor e gratidão total, e você vai receber.

Use a imaginação e pense em todas as coisas que a força do amor pode fazer por você. A força do amor é *a inteligência* da vida e do universo. Se você consegue imaginar a inteligência criando uma flor ou uma célula no corpo humano, então vai acreditar que não há uma só pergunta para a qual a força do amor não lhe dará a resposta perfeita em qualquer situação. O amor fará qualquer coisa por você, mas é preciso que você se una a ele, amando, a fim de compreender e usufruir do poder dele em sua vida.

Que Diferença Faz?

"No meio da confusão, encontre a simplicidade.
A partir da discórdia, encontre a harmonia.
Em meio à dificuldade reside a oportunidade."

Albert Einstein (1879–1955)

FÍSICO E VENCEDOR DO PRÊMIO NOBEL

Se a sua mente está sendo consumida com detalhes demais, essas minúcias irão distraí-lo e serão um peso desnecessário. Você não pode se sentir bem a maior parte do tempo se ficar se desgastando com detalhes irrelevantes. Que diferença faz se você conseguir deixar suas roupas na lavanderia hoje, antes que feche? Que diferença faz na *sua* vida se o seu time não ganhar essa semana? Haverá sempre outro jogo. Que diferença faz se você perder o ônibus? Que diferença faz se não tem laranja no supermercado? Que diferença faz se você tiver que esperar em uma fila durante alguns minutos? No grande esquema das coisas, que diferença fazem esses detalhes tão pequenos?

Pequenos detalhes o distraem e podem sabotar a sua vida. Se der muita importância a eles, você não vai se sentir bem. Nenhuma dessas coisas importa no plano geral. Nenhuma! Simplifique a sua vida. Proteja seus sentimentos bons. Faça isso, porque, quando se livrar dos pequenos detalhes, vai abrir espaço para tudo que quiser atrair para sua vida.

Você Dá Sentido à Sua Vida

Você dá sentido a tudo na vida. Nenhuma situação vem com um rótulo de bom ou ruim. Tudo é neutro. Um arco-íris e uma tempestade não são bons nem ruins, são apenas um arco-íris e uma tempestade. Você dá sentido a um arco-íris pela forma como se sente sobre ele. E dá sentido a uma tempestade pela forma como se sente sobre ela. Você dá sentido a tudo através da forma como se sente. Um emprego não é bom nem ruim, é apenas um emprego, mas a forma como você se sente sobre ele determina se será bom ou ruim para você. Um relacionamento em si não é bom nem ruim, é apenas um relacionamento, mas a forma como você se sente sobre ele determina se será bom ou ruim para você.

"Nada é bom ou ruim, o pensamento é que torna as coisas assim."

William Shakespeare (1564–1616)
DRAMATURGO INGLÊS

Se alguém faz mal a uma pessoa, a lei da atração responde de forma infalível. Talvez use a polícia, as leis ou várias outras maneiras de devolver àquele alguém exatamente o que ele deu, mas com a lei da atração uma coisa é certa: recebemos de volta o que damos. Se você souber de alguém que está sendo prejudicado por outra pessoa, sinta compaixão pela vítima, mas não julgue ninguém. Se julgar o outro e achar que ele é ruim, você não estará dando amor. Ao pensar que outra pessoa é ruim, você acaba rotulando a si mesmo como ruim. Tudo que você dá, *você* recebe. Quando gera sentimentos ruins a respeito de outros, não importa o que tenham feito, esses sentimentos ruins voltam para *você*! E voltam com a mesma força com que você os enviou, criando circunstâncias negativas em *sua* vida. Não há desculpas para a força do amor!

> *"A vida que se permite viver com amor tudo o que experimenta é uma vida plena e rica e que se expande continuamente em beleza e poder."*
>
> Ralph Waldo Trine (1866–1958)
> AUTOR DO NOVO PENSAMENTO

O Amor É o Poder para o Mundo

A força do amor não tem um oposto. Não existe outro poder na vida além do amor. Não existe uma força de negatividade. Na Antiguidade, às vezes a negatividade era descrita como o "demônio" ou o "mal". Ser tentado pelo mal ou pelo demônio significava cair em pensamentos e sentimentos negativos, em vez de se manter firme na força positiva do amor. Não existe a força da negatividade. Há apenas uma força, e essa força é o amor.

Todas as coisas negativas que você vê no mundo são sempre manifestações de falta de amor. Quer essa negatividade esteja numa pessoa, num lugar, numa circunstância ou num evento, ela sempre surge da falta de amor. Não existe a força da tristeza; a tristeza é a falta de felicidade, e toda felicidade vem do amor. Não há a força do fracasso; o fracasso é a falta de sucesso, e todo sucesso vem do amor. Não há a força da doença; a doença é a falta de saúde, e toda saúde vem do amor. Não existe a força da pobreza; a pobreza é a falta de abundância, e toda abundância vem do amor. O amor é a força positiva da vida, e toda condição negativa *sempre* vem da falta de amor.

Quando todas as pessoas alcançarem o ponto de partida para gerar mais amor que negatividade, as coisas negativas vão desaparecer do planeta numa rapidez impressionante. Pense nisso! Cada vez que escolhe dar amor, seu amor está ajudando a aumentar a positividade do mundo! Algumas pessoas acreditam que estamos muito perto desse ponto de partida. Se estão certas ou não, mais do que nunca *agora* é a hora de gerar mais amor e positividade. Faça isso por sua vida. Faça isso por seu país. Faça isso pelo mundo.

> *"Quando o coração está no lugar certo, a vida pessoal é cultivada. Quando a vida pessoal é cultivada, a vida familiar é regulada. Quando a vida familiar é regulada, a vida nacional está em ordem. E quando a vida nacional está em ordem, o mundo está em paz."*
>
> Confúcio (551–479 A.C.)
> FILÓSOFO CHINÊS

Você tem muito poder no mundo porque tem muito amor para dar.

RESUMINDO O PODER

- *Tudo tem uma frequência – tudo! O que você sente está trazendo à sua vida tudo que está na mesma frequência que você.*
- *A vida responde a você. A vida se comunica com você. Tudo que você vê – placa, cor, pessoa, objeto –, tudo que ouve, toda circunstância e acontecimento estão na sua frequência.*
- *Quando você está feliz e permanece feliz, apenas pessoas, circunstâncias e eventos felizes chegam à sua vida.*
- *Não existem acidentes ou coincidências – tudo é sincronicidade –, porque tudo tem uma frequência. É a física da vida e o universo em ação.*
- *Pense em algo que você ama e faça disso o seu símbolo para a força do amor. Sempre que vir ou ouvir o seu símbolo, saberá que a força do amor está com você.*
- *Coloque a força do amor à sua frente em tudo que fizer. Imagine que tudo no seu dia correrá bem e sinta amor dentro de si o máximo que puder, antes de executar qualquer tarefa.*
- *Faça perguntas todos os dias. Assim, você está dando uma pergunta, portanto deverá receber a resposta!*

- *Utilize a força do amor para ajudá-lo em qualquer coisa na sua vida. A força do amor será sua assistente, gerente financeira, personal trainer e conselheira de relacionamentos.*

- *Se sua mente estiver sendo consumida por excesso de detalhes, isso vai distraí-lo e desanimá-lo. Simplifique sua vida e não dê importância demais a coisas pequenas. Que diferença fazem esses detalhes?*

- *A força do amor não tem um oposto. Não existe outro poder na vida além do amor. Todas as coisas negativas que vemos no mundo são sempre consequências da falta de amor.*

O PODER
E A VIDA

Um ser humano não pode se imaginar *não* existindo. Podemos imaginar nosso corpo sem vida, mas não conseguimos nos imaginar não existindo. Por que você acha que é assim? Mero acaso? Não. Você não pode se imaginar não existindo porque é impossível que você não exista! Se fosse capaz de imaginar, conseguiria criar a sua não existência, e você não tem como criar isso! Você sempre existiu e sempre irá existir, porque você é uma parte da criação.

> *"Nunca houve um tempo em que você, eu e os reis reunidos aqui não existimos, nem haverá um tempo em que deixaremos de existir. Assim como a pessoa habita o corpo na infância, na juventude e na velhice, na hora da morte ela adquire outro corpo. Os sábios não se deixam enganar por essas mudanças."*
>
> Bhagavad Gita (SÉCULO VI A.C.)
>
> TEXTO HINDU MILENAR

Então o que acontece quando uma pessoa morre? O corpo não deixa de existir, não é isso que acontece. O corpo se integra aos elementos. E o ser que está dentro de você – o *verdadeiro* você – também não passa para a inexistência. A própria expressão "*ser* humano" revela que você é! E não deixará de "ser". Você é um ser eterno que vive temporariamente num corpo humano. Se parasse de existir, haveria um espaço vazio no universo.

A única razão pela qual você não consegue ver outra pessoa depois que ela deixou o corpo é que você não enxerga a frequência do amor. Você não pode ver a frequência de luz ultravioleta também, e a frequência do amor, que é onde essa pessoa está, é a frequência mais alta na criação. Mesmo o mais avançado equipamento científico não consegue sequer chegar perto de detectar a frequência do amor. Lembre-se de que você pode *sentir* amor, portanto, se existe alguém que você não vê mais, você pode senti-lo na frequência do amor. Você não consegue senti-lo quando estiver em luto ou desespero, porque essas frequências estão muito longe da frequência onde aquele ser está. Mas quando estiver nas mais altas frequências de amor e gratidão, você poderá senti-lo. Essa pessoa não está longe de você e vocês nunca se separaram. Você está sempre conectado a *tudo* na vida por meio da força do amor.

O Céu Está Dentro de Você

"Todos os princípios do céu e da terra vivem dentro de você."

Morihei Ueshiba (1883–1969)

FUNDADOR DA ARTE MARCIAL AIKIDO

Quando textos milenares dizem que "o céu está dentro de você", estão falando sobre a frequência do seu ser. Ao deixar o corpo, a pessoa passa automaticamente para a mais alta frequência de amor puro, porque essa é a frequência de seu ser. Na Antiguidade, essa frequência mais alta do amor puro era chamada "céu".

Mas o céu está disponível para você ainda nesta vida, e não somente quando o seu corpo morrer. Você tem que encontrar o céu aqui, enquanto está na Terra. E é verdade, o céu está dentro de você, porque o céu é a frequência do seu ser. Encontrar o céu na Terra é viver a vida na mesma frequência do seu ser – de puro amor e júbilo.

Por Amor à Vida

"A questão não é se a vida continua ou não, mas como você vai aproveitar isso?"

Robert Thurman (1941–)

ESCRITOR BUDISTA E ACADÊMICO

Você é um ser eterno. Tem todo o tempo do mundo para viver todas as experiências. Não há falta de tempo, porque você tem a eternidade! Você tem tantas aventuras à frente, tantas coisas para vivenciar. Não apenas aventuras na Terra, porque, uma vez que a tenha dominado, começará novas aventuras em outros mundos. Há galáxias, dimensões e vida que sequer imaginamos agora, mas iremos vivenciar todas elas. E teremos essa experiência juntos, porque *nós* somos parte da criação. Daqui a bilhões de anos, quando procurarmos nossa próxima aventura pela criação, haverá mundos e mais mundos, galáxias e mais galáxias, dimensões ilimitadas estendendo-se diante de nós por toda a eternidade.

Então não acha que com tudo isso talvez você seja um pouquinho mais especial do que jamais acreditou ser? Que talvez tenha um pouco mais de valor do que pensava? Você, todas as outras pessoas que conhece e todos aqueles que já viveram não têm fim!

Você não tem vontade de abraçar a vida e dizer *obrigado*? Não está entusiasmado para as aventuras que o esperam? Não quer subir até o alto de uma montanha e gritar *Sim!* com alegria para a vida que jamais vai terminar?

O Propósito da Sua Vida

> *"Não é preciso ter causa alguma, a não ser gratidão e alegria."*
>
> Buda Gautama (563–483 A.C.)
>
> FUNDADOR DO BUDISMO

O propósito da sua vida é a alegria, então qual você acha que é a maior alegria na vida? Dar amor! Se uma pessoa me dissesse isso seis anos atrás, eu teria respondido: "Para você é fácil falar. Eu estou com dificuldades, mal posso me sustentar e não tenho nada para dar."

A maior alegria na vida é dar amor, pois, do contrário, você terá sempre dificuldade para sobreviver. A vida será cheia de problemas, um atrás do outro, e quando você pensar que tudo finalmente está bem, alguma coisa vai acontecer para jogá-lo de volta à luta e às dificuldades. A maior alegria na vida é dar e só há uma coisa que você pode dar: amor! Amor, alegria, positividade, entusiasmo, gratidão e paixão são o que há de verdadeiro e duradouro na vida. Todas as riquezas do mundo não chegam nem perto do presente mais valioso de toda a criação: o amor que há dentro de você!

Dê o melhor de si. Dê amor, porque este é o ímã que vai atrair *todas* as riquezas da vida. Sua vida se tornará mais rica do que jamais poderia imaginar, porque, quando você dá amor, realiza todo o propósito da sua vida. Quando dá amor, você recebe de volta tanto amor e alegria que terá a impressão de que não é possível caber tanto dentro de si. Mas você *pode* absorver todo esse amor e alegria ilimitados, porque isso é o que você é.

"Um dia, quando tivermos dominado os ventos, as ondas, as marés e a gravidade, utilizaremos as energias do amor. Então, pela segunda vez na História do mundo, o homem terá descoberto o fogo."

Pierre Teilhard de Chardin (1881–1955)

PADRE E FILÓSOFO

Você veio a este mundo com seu amor, e essa é a única coisa que levará consigo. Enquanto estiver aqui, cada vez que escolher o positivo, cada vez que escolher se sentir bem, você estará dando amor e, com isso, iluminando o mundo. E tudo que puder desejar, sonhar, tudo que ama, vai segui-lo, por onde quer que vá.

Você tem a maior força do universo dentro de si. Com ela, você *terá* uma vida maravilhosa!

O Poder está dentro de você.

O Início

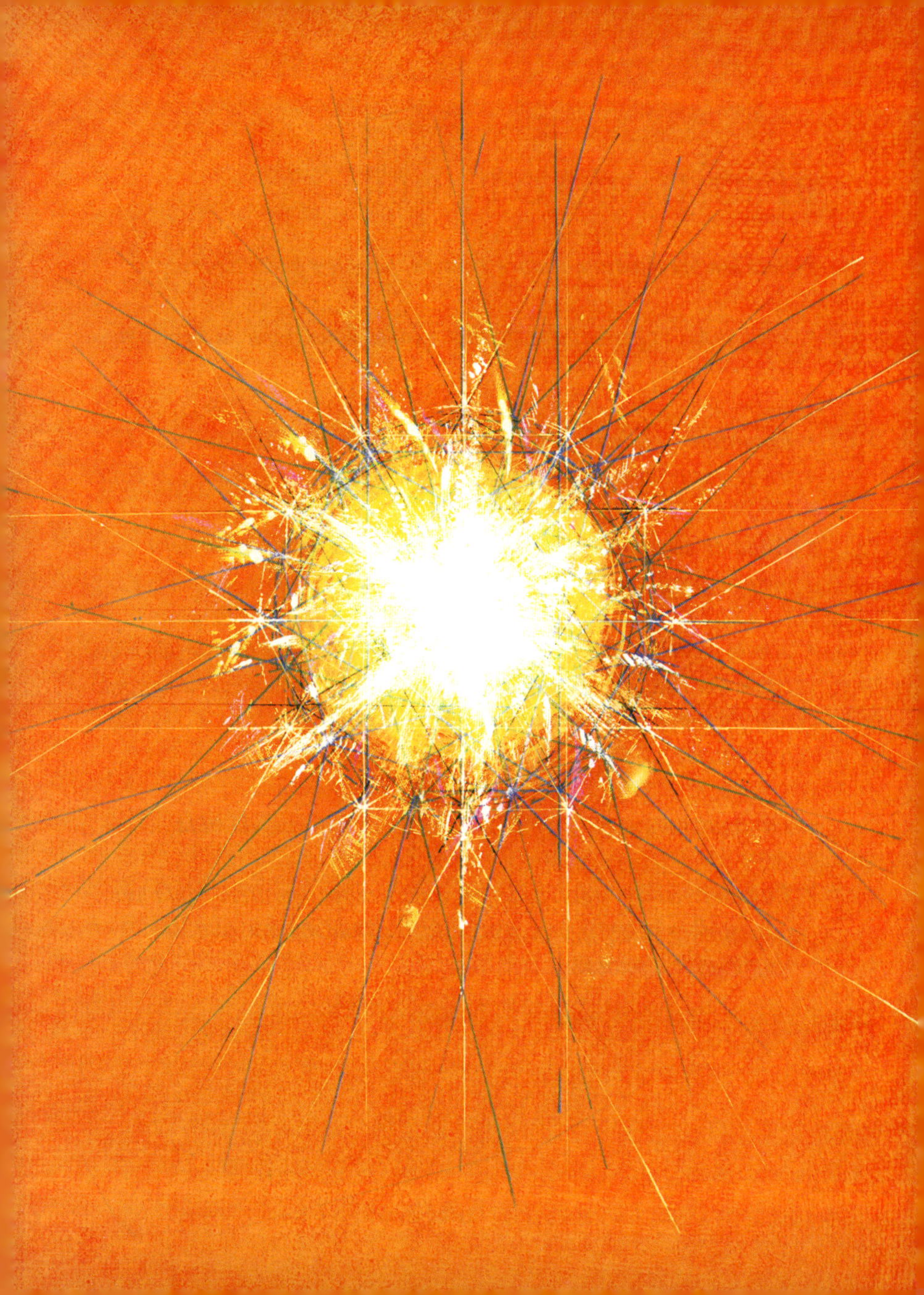

RESUMINDO O PODER

- *Você sempre existiu e sempre existirá, porque é parte da criação.*
- *Você, todas as pessoas que conhece e todos aqueles que já viveram não têm fim!*
- *Encontrar o céu na Terra é viver a vida na mesma frequência do seu ser: puro amor e alegria.*
- *A maior alegria da vida é dar amor, porque do contrário terá sempre dificuldades para sobreviver.*
- *Amor, alegria, positividade, entusiasmo, gratidão e paixão são o que há de verdadeiro e duradouro na vida. Todas as riquezas do mundo não chegam nem perto do presente mais valioso de toda a criação: o amor que há dentro de você!*
- *Dê amor, porque ele é o ímã para todas as riquezas da vida.*
- *Enquanto estiver aqui, cada vez que escolher o positivo, cada vez que escolher se sentir bem, você estará dando amor e, com isso, iluminando o mundo.*

Que O Poder lhe traga amor e alegria
por toda a sua existência.

Esse é o meu desejo para você
e para o mundo.

Sobre a autora

O desejo de Rhonda Byrne é levar felicidade a bilhões de pessoas.

Ela começou sua jornada com o filme *O Segredo*, que teve milhões de espectadores em todo o mundo. Seguiu esse sucesso com o livro *O Segredo*, um best-seller mundial disponível hoje em 50 idiomas.

Agora, com *O Poder*, Rhonda Byrne continua seu trabalho visionário ao revelar a maior força do universo.